はじめに

「オシャレ」「エキゾチック」「夜景がきれい」「行きかう女の子がかわいい」、神戸という街を擬人化したらさぞがしモテることだろう。実際に神戸は国内有数の観光地である一方、イメージで語られるほど素晴らしい街ではないことは、この街に暮らす読者諸兄が最も痛切に感じている。

確かに、高度成長期のころには株式会社神戸市とも称され、ポートアイランドや六甲アイランドの造成事業など、斬新なチャレンジで世の中の注目を集めてきた。ただ、いま神戸市のあちこちから聞こえてくるのは景気の悪い話ばかりである。ガラガラの観覧車が寂しく回るハーバーランド、ゴーストタウンのような一画もあるポートアイランド、そしてガールズバーのケバいおネエちゃんばかりがハバを利かせ、飲食店は閑古鳥が鳴く三宮の歓楽街——。

ただ、街に人がいないのも、産業に元気がないから当然ではある。かつては国際貿易の拠点として港が存在感を発揮し、のちには鉄鋼や造船といった重工業が街の活気を生み出してきたが、いまや起爆剤となる存在すら見当たらない。せっかくスパコンを作っても「2位ではダメなんですか?」とケチがつけられた途端、本当に2位に落ちてしまう始末である。

神戸を愛するからこそ、いまこのタイミングで声を大にして「これでいいのか神戸市!」と言わせてもらいたい。

街を包む閉塞感は今に始まったことではなく、阪神・淡路大震災以来ずっと続いてきたものであることは百も承知。ただ、すべてを震災のせいにして立ち止まってきた時間がいささか長すぎはしないだろうか? 本書では地域性、行政、気質などさまざまな見地から神戸市が抱えるタブーや問題点に鋭いツッコミを入れつつ、神戸の街を紐解いていきたい。

日本の特別地域 特別編集
これでいいのか 兵庫県
神戸市

吉川JCT
公園都市線
神戸電鉄
三田駅
三田市
フラワータウン駅
川辺郡
猪名川町
赤松PA
神戸三田
三田本町駅
長尾川
横山駅
道場駅
長尾ランプ
神鉄道場駅
川西市
176
道場南口駅
武田尾駅
大沢
宝塚市
神戸JCT
二郎駅
フルーツ
フラワーパーク
北神戸田園
スポーツ公園
西宮北
JR宝塚線
神戸北
田尾寺駅
西宮山口JCT
川西市
満願寺町
PA
吉尾ランプ
西宮山口東
西宮名塩SA
西宮名塩駅
有野川
中国自動車道
山本駅
神戸電鉄三田線
有馬川
金仙寺湖
中山駅
阪急宝塚線
岡場駅
西宮市
生瀬駅
売布神社駅
中山寺駅
西宮山口南
宝塚駅
柳谷JCT
有馬街道
蓬莱峡
清荒神駅
宝塚
柳谷ランプ
五社
五社駅
有馬
宝塚南口駅
六甲北有料道路
有馬温泉駅
青少年公園
有馬口駅
有馬口
有馬温泉
逆瀬川駅
伊丹市
北区
有馬口JCT
有馬温泉駅
西宮北有料道路
芦有ドライブウェイ
阪急今津線
小林駅
武庫川
唐櫃台駅
神鉄六甲駅
唐櫃
六甲有馬ロープウェー
宝殿
大池駅
神戸電鉄有馬線
からと東
六甲山
仁川駅
唐櫃南
奥池
からと西
裏六甲
ドライブウェイ
西お多福山
花山駅
六甲山頂駅
東お多福山
甲東園駅
箕谷
谷上駅
六甲高山植物園
芦屋
JR山陽新幹線
甲陽園駅
谷駅
阪神高速7号北神戸線
門戸厄神駅
箕谷
JCT
六甲有料道路
六甲山上駅
阪急甲陽線
芦屋市
171
武庫之荘駅
山の街駅
石楠花山
六甲山牧場
苦楽園口駅
西宮北口駅
阪急神戸線
六甲ケーブル
芦屋川
名神高速道路
北神急行電鉄
阪神高速32号新神戸トンネル
表六甲
ドライブウェイ
夙川駅
さくら夙川駅
西宮駅
JR東海道本線
北鈴蘭台駅
森林植物園
六甲ケーブル下駅
東灘区
芦屋川駅
芦屋駅
打出駅
阪神国道駅
甲子園口駅
尼崎市
立花駅
山手線
星の駅
摩耶山
摩耶ロープウェー
芦屋駅
西宮駅
今津駅
尼崎センタープール前駅
西口駅
虹の駅
岡本駅
甲南山手駅
住吉川
香櫨園駅
西宮
灘区
摩耶ケーブル
御影駅
芦屋
久寿川駅
蘭台駅
阪神高速3号神戸線
甲子園駅
六甲駅
摂津本山駅
西宮IC
再度公園
住吉駅
2
深江
43
鳴尾駅
再度山
ハーブ園山頂駅
摩耶ケーブル駅
都賀川
六甲道駅
石屋川
深江駅
西宮浜
武庫川駅
428
中央区
神戸布引ロープウェイ
風の丘中間駅
王子公園駅
魚崎駅
青木駅
甲子園浜
東鳴尾駅
尼崎西
布引ハーブ園
西灘駅
大石駅
御影駅
魚崎
深江浜
南芦屋浜
阪神武庫川線
神鉄有馬線
堂徳山
ハーブ園山麓駅
新神戸駅
灘駅
新在家駅
石屋川駅
住吉駅
南魚崎駅
洲先駅
阪神高速5号湾岸線
天王谷
神若
二宮
春日野道駅
岩屋駅
摩耶
住吉浜
魚崎浜
武庫川団地前駅
イパス
ヴィーナスブリッジ
三ノ宮駅
国道2号
六甲ライナー
鳴尾浜
尼崎末広
阪急三宮駅
生田川
ハーバーハイウェイ
六甲アイランド北
三宮駅
県庁前駅
三宮・花時計前駅
アイランド北口駅
兵庫区
花隈駅
貿易センター駅
元町駅
アイランドセンター駅
大倉山駅
旧居留地・大丸前駅
神戸震災復興記念公園
京橋
京橋PA
マリンパーク駅
長田駅
西元町駅
みなと元町駅
ポートターミナル駅
湊川駅
神戸駅
神戸港
ハーバーランド駅
メリケンパーク
上沢駅
新開地駅
中公園駅
北埠頭駅
神戸高速線
柳原
中埠頭駅
兵庫駅
みなとじま駅
中央市場前駅
市民広場駅
南公園駅
湊川JCT
和田岬駅
医療センター駅
湊川
和田岬駅
京コンピュータ前駅
ポートライナー
御崎公園駅
神戸市営地下鉄海岸線
刈藻駅
駒ケ林駅
北
大阪湾
神戸空港駅
神戸空港
(マリンエア)
0
5km

神戸市MAP

青野ケ原駅
ひょうご東条
吉川
加東市
372
東条川
加西市
河合西駅
加古川
網引駅
北条鉄道北条線
粟生駅
葉多駅
小野駅
小野市
三木市
権現湖PA
小野町駅
小川川
市場駅
樫山駅
市場駅
三木SA
三木小野
三木JCT
屏風川
JR加古川線
大村駅
428
加古川市
美嚢川
三木上の丸駅
恵比須駅
三木駅
山陽自動車道
三木東
厄神駅
志染川
神野駅
山陽自動車道
志染駅
丹生山
つくはら湖
広野ゴルフ場前駅
緑が丘駅
神戸市
押部谷駅
栄駅
神戸電鉄粟生線
加古郡
稲美町
木幡駅
東加古川駅
175
木津駅
神戸ワイナリー
（農業公園）
西区
明石川
神戸西
藍那
加古郡
播磨町
明石西
土山駅
西神中央駅
播磨町駅
250
白川PA
しあわせ
西二見駅
大久保
明石SA
神戸市営地下鉄西神・山手線
白川JCT
神戸淡路鳴門自動車道
布施畑東
東二見駅
魚住駅
西神南駅
前開PA
布施畑西
前開
太山寺
布施畑JCT
阪神高速神戸山手線31号
2
明石市
永井谷JCT
伊川谷駅
布施畑
山陽魚住駅
永井谷
西江井ケ島駅
大久保駅
玉津
第二神明道路
第二神明道路北
学園都市駅
総合運動公園駅
白川南
江井ケ島駅
伊川谷
伊川谷JCT
神戸西バイパス
神戸総合運動公園
名谷駅
妙法寺
長坂
妙法寺駅
中八木駅
西明石駅
須磨区
学園南
須磨離宮公園
JR山陽新幹線
垂水
奥須磨公園
藤江駅
JR山陽本線
大蔵谷
垂水区
垂水JCT
山陽電鉄
人丸前駅
大蔵谷駅
須磨
月見
林崎松江海岸駅
明石駅
名谷JCT
垂水PA
月見山駅
西新町駅
山陽明石駅
28
朝霧駅
高丸
名谷
須磨浦公園
須磨寺駅
山陽須磨駅
播磨灘
西舞子駅
舞子公園駅
山陽垂水駅
観光リフト
須磨浦ロープウェイ
山陽塩屋駅
滝の茶屋駅
2
須磨駅
舞子駅
塩屋駅
須磨浦公園駅
舞子公園
垂水駅
東垂水駅
霞ケ丘駅
マリンピア神戸
明石海峡大橋
明石海峡大橋
淡路市

ガラが悪いのか
を暴く！
神戸ブランドの
媚薬に犯された
市民の平衡感覚!?

品が良いのか
神戸の素顔

いつも自信満々で、対外的にオシャレなイメージが先行している神戸人。実際に市内にいるとそんなに感じないけど、実はけっこうイケすかない奴なんじゃないだろうか。開発が進まない山側や離島扱いの埋立地、安い水商売が跋扈する繁華街――。この本では、これまでポジティブなイメージで覆い隠されて語られる機会が少なかった“かっこ悪い”神戸にもどんどんツッコミを入れつつ、愛すべき神戸の街とそこに住む神戸人の気質を白日の下にさらしてみることにしよう。

歴史

KOBE-SHI

新鋭的だけどあんがい古風な土地

港町の基礎を築いた清盛は神戸の大恩人

神戸は、〝神戸開港〟によって生まれた新しい町と思われがちだが、記紀神話にまつわる伝説も数多い。とりわけ東神戸には神功皇后にまつわる伝説が多く残されており、「日本書紀」によれば、皇后が清水に顔を映したことに由来する「御影」、三韓征伐からの帰途、六つの甲を山に納めたという伝説に基づいて名付けられたとされる「武庫」（武具を収める倉）は、転じて「六甲」となったとの説もある。行政区としての神戸市が発展するのは開港以降明治になってからのことだが、周辺には古代、中世から続く歴史が数多く残されている。

神戸市内の遺跡関係でもっとも有名なのは、垂水にある五色塚古墳だろう。実際に足を運んでみると「なんかハニワが並んでいたりして、整備されすぎているので古代のロマンを感じない」（兵庫区在住大学生）なんて声もあるものの、神戸の小学生の定番遠足スポットとして訪れたことがある人も多いんではないだろうか。また東神戸だと、処女塚古墳も無駄に青少年たちが妄想を掻き立てられるネーミング。「処女」と書いて「おとめ」と読むなんて、いろいろ考えてしまう。

ただ、中世以降の神戸の歴史は、主に「外部からやってきた人」が形作ってきた文化だと言い切れる。その先鋒としてまず登場するのが、大河ドラマの大コケで一躍名を馳せた平清盛だったのである。武家の棟梁でありながら、天然の良港として知られた大輪田泊を核とす

神戸市が誕生するまでの主な歴史

年代	出来事
縄文時代	大歳山遺跡建立/元住吉山遺跡建立
弥生時代	吉田遺跡建立
4世紀末～5世紀初頭	五色塚古墳建立
631年（舒明天皇3年）	舒明天皇が有馬温泉へ出向く
713年（和銅6年）	諸国に風土記編纂が命じられる
716年（霊亀2年）	太山寺が創建したとされる
812年（弘仁3年）	大輪田泊が修築
1173年（承安3年）	平清盛が大輪田泊に経ケ島を築く
1180年（治承4年）	福原京の造営
1184年（元暦元年）	一ノ谷の戦いが起きる
1336年（建武3年・延元1年）	湊川の戦いが起きる
1385年（至徳2年）	如意寺三重塔建立
1568年（永禄11年）ごろ	織田信長、花隈城を築く
1590年（天正18年）	豊臣秀吉が有馬大茶会を開催
1596年（慶長元年）	大地震により大きな被害。須磨寺本堂も倒壊
1607年（慶長12年）	初の朝鮮通信使が兵庫津に来航
1609年（慶長14年）	播州の拠点として姫路城完成
1617年（元和3年）	尼崎藩が成立し、東部沿岸地域が同藩領に
1799年（寛政11年）	高田屋嘉兵衛、エトロフ航路を開く
1855年（安政2年）	網屋吉兵衛が神戸小野浜にドックを起工
1862年（文久2年）	明石藩、明石～垂水間に外国船に備えて 12の砲台を築く
1863年（文久3）	勝海舟、神戸海軍操練所建設を命じられる
1867年（慶応3）	兵庫の開港勅許される 兵庫居留地が神戸村内に決定される
1868年（慶応4・明治元年）	兵庫県設置。初代知事に伊藤博文が任命される 神戸事件が起こる
1872年（明治5年）	湊川神社が造営される
1874年（明治7年）	大阪～神戸間に鉄道開業
1876年（明治9年）	兵庫県が豊岡県など4県を統合
1877年（明治10年）	神戸でマッチの製造がはじまる
1879年（明治12年）	兵庫、神戸、坂本村を合わせて神戸区が誕生
1886年（明治19年）	官営兵庫造船所払下げ、川崎兵庫造船所となる
1888年（明治21年）	民営山陽鉄道神戸・姫路間開通
1889年（明治22年）	神戸区が荒田・葺合両村を合併し神戸市が誕生
1893年（明治26年）	兵庫運河会社設立出願

※神戸市文書館ホームページ、山川出版社「兵庫県の歴史散歩」より抜粋

る商業国家を構想した清盛は、経ヶ島を築いて港湾施設を整備し、日宋貿易の拠点と位置付けた。今とは違って隣の国に行くことすら大旅行だった時代。はるか大陸との交易に注目した彼の先見性は、もっと評価されてもいいんではないかと思う。

　しかし、調子に乗った清盛は周囲の反対を押し切って、大輪田泊に近い福原への遷都を強行。折しも源氏が勢いを盛り返す中で、残念ながらわずか半年の栄華に終わる。しかし、半年しか都がなかったのだからぶっちゃけ大して史跡が残ってないのも事実。清盛塚として知られる石塔も、本当は清盛の墳墓ではないことが判明しているし……。「清盛にまつわる史跡は、兵庫区民ですら行ったことがない人も多いですよ。だって地味だもん」（兵庫区男性）という地元民の言葉通り、「よくこれで大河を当てこんだまちおこしをしようとしたもんだ」と神戸市の商魂に驚かされるばかりだ。

外国人たちの登場が神戸のキャラを決定

　中世から近世にかけて国内流通の拠点として栄えてきた神戸は幕末に激動を迎える。その予兆ともいえるのが、幕府による海軍操練所の設置。責任者となった勝海舟のほか、坂本龍馬や陸奥宗光といった歴史上の人物たちがこの地に学び、街の歴史を彩った。彼らも、鎖国の時代にあって「海を通じた世界とのつながり」を意識できた、当時からすれば稀有な人々。彼らの存在を受け入れてきた歴史そのものが、異文化を積極的に受容する神戸人気質のベースとなっていると言えるのかもしれない（大河ドラマが龍馬のときは、結構ロケ地めぐりの観光客が来ていた。う〜む、清盛がかわいそうになってきた）。

　海軍操練所そのものは、わずか1年あまりで幕を閉じたものの、その2年後には神戸港の開港が決定し、「ＫＯＢＥ」は一夜にして世界にその名を知られるようになる。当初、幕府は兵庫港の開港を求められたが、往来の人々と外国人との無用なトラブルを避けるため、当時人口も少なかった東隣の一漁村、神戸が開港場として指定された。これ以降、皮肉にも兵庫津から発展した港町の中心は、徐々に東の三宮へと傾いていき、現代に至る。

　開港以来、アメリカ、イギリス、フランスなどいわゆる列強諸国から多くの外国人が神戸に押し寄せ現在の旧居留地が誕生。今なお続く神戸の「オシャレでエキゾチックな港町」というイメージは、ほぼこの時点で固まったといっていい。やっぱりここでも主役となるのは「外からやってきた人々」だ。なにしろ数百年にわたって鎖国をしていた国だから、彼らが持ち込む道具や技術は珍しいものばかり。42頁でも触れるように、近代洋服やサイダーなど神戸には日本初が溢れた。数年前までは何の変哲もない漁村だったのに、一気に文化の最先端が集結した。長い歴史の

昭和12年ごろの元町4丁目付近。港や旧居留地にも近い繁華街として栄え、オシャレに決めて「元ブラ」＝「元町でブラブラ」を楽しむ人々の姿が目立った。いわば「オシャレな神戸」の原点か

スパンで見れば、たまたま明治維新後のスタートダッシュに大成功しただけなのかもしれないが、当時の文化都市としての繁栄ぶりが、世代を超えて紡がれる「神戸人の根拠なき自信と優越感」になっているといっては言い過ぎだろうか。

　そして西洋人ばかりでなく、お隣の中国（当時は清）からも船に乗ってたくさんの人々がやってきた。彼らが暮らした雑居地は旧居留地の西側にあった。現在の華僑たちの中には1世紀以上にわたって神戸に住み続けている家系もあり、もはや日本人と同様の感覚を持った3代目〜4代目も多い。雑居地の場所はほぼ現在の南京町と符合する。言ってみれば、南京町〜旧居留地へと至る現在の神戸の定番観光コースだって、明治時代にはほぼそのひな形が生まれていたのである（そういう意味では異人館が立ち並ぶ北野もそうだし、もしかしたら観光都市神戸って明治の遺産で食ってるだけなんでは？）。

　ちなみに、東日本で神戸と同様の発展を遂げたのは、ご存じの通り横浜市だ。大都市（東京と大阪）との位置関係まで類似した港町で、両者はまるで双子のよう。神戸に南京町があれば横浜にも大規模な中華街があり、北野異人館街があるように山手エリアが広がる。元町にいたっては、地名だけでなくどこかハイソで趣のある街の雰囲気も、そっくりと言えるだろう。街の造りが似ているだけでなく、関東大震災で横浜港が壊滅的な被害を受けた際に、綿貿易に携わっていた多くのインド人が神戸に移住するなど、歴史的にも人の往来が多い両都市であったりもする（現代でも北野界隈を中心として多くのインド人が住んでいるせいか、神戸人はカレーにもやたらとうるさい）。

　旅行で横浜へ行くと「横浜の中華街の中華ってマズいし高いねん！　あれやったら老祥記で食べた方が100倍安いしうまいわ」などと、いつも通りの地元愛を発揮してしまうのはご愛嬌。基本的には横浜に勝手なシンパシーと連帯感を抱いている神戸人は多い。そういえば、横浜は2009年に開港150周年を祝った「開国博Y150」で大赤字を生み出していた。神戸が開港150年を迎えるのは2018年。仲良しの横浜のマネをして、とんでもない失敗はやめてくださいよ。ね、神戸市さん？（正直、すごく不安を感じる筆者であった）

住宅街としての魅力が急降下し、先端医療と学術の街として再起をはかるポートアイランド。人工的で無機質な街になぜか移築された異人館のムリヤリ感は否めず、街づくりの難しさを痛感させる

パッチワークの街だから気質が違っても当たり前

　話を歴史へと戻そう。その後、明治以降の神戸は、神戸港での貿易、そして沿岸部に集積を見せつつあった重工業、地味なところではマッチ製造などの産業を経済の柱に、周辺を次々と「併合」していった。1889年の市制町村制の施行時には、現在の中央区と兵庫区の一部だけが「神戸市」だったとは信じられない話である。
「神戸って言ってもイメージが良くて栄えているのは港近くの一部だけじゃないの」という指摘もあながち間違ってはいない。いや、むしろ正解だろう。市の歴史的にも中心はあくまで神戸港で、そこに周辺を引っ付けただけなんだもん。合併の過程では、神戸市は「国境」すら超えた。本来、現在の垂水区や須磨区、西区の一部は播磨の国であり、江戸時代までは山陽地方扱いだった（一方で、摂津は畿内）。国どころか、歴史的背景のある地方区分さえ飛び越えてでも、とにかく神戸は大きくなりたかったのだ。

　かつてここが天領だろうと、明石藩領だろうと、尼崎藩領だろうとチョンマゲさえ落としてしまえば関係なし。周辺より早く西洋化、近代化したのをいいことに、「お前は列強諸国か」と言わんばかりの勢いで、戦後に至るまで拡大政策を続けた。想像するに、「ほら、神戸と一緒になったら街にガス燈がつくんだよ。着物じゃなくてオシャレな洋服もたくさん売ってるよ。港には働くところがいっぱいあって困らないよ～」みたいな感じでうまいこと言いくるめていたんではないかと（もはや誘拐犯みたいだけど）。

　こんなパッチワークみたいな街なんだから、東西、あるいは南北で気質が違っても当たり前。そもそも歴史的に異なるのだから、ほんの100年程度で同化するほうが無理というものだ。そして、「投資がいつだってベイエリアばっかりやん」という文句だって言うだけムダなのがよく分かるだろう。言ってみれば、神戸港は、合併で一緒になったたくさんの町や村を引っ張ってきたみんなのお父さんなのだ。いちばん頑張ってくれるお父さんを家族がサポートするのは当たり前。オシャレなようでいて、神戸市は前近代的な家父長制を踏襲しながらこれからも発展していくのだろう。

KOBE-SHI

神戸人

出身地を聞かれるとワクワクする?

兵庫県民ちゃうよ 自分はあくまで神戸人

神戸人は全くと言っていいほど兵庫県民意識がない。尼崎や姫路に対しては「あんなガラ悪い奴らと一緒にするな」と思っているし、日本海側の兵庫県なんて国境を越えるほど遠い存在でしかない。

「我々はあくまで神戸人である」という愚直なまでの都市への忠誠心とプライドは、中世ヨーロッパの都市国家もかくやと思わせるほどである。地方再編が進み、今後道州制が導入されて兵庫県が関西州や近畿州になろうとも、神戸人にはなんの影響もないだろう（現在でも、大阪の市長がキャラ作りと政敵作りのために勝手に騒いでるんでしょ程度の意識しかない）。

神戸人は、人生で何度も「神戸っこ」という呼称で自らをアイデンティファイしたことがあるはず（そもそもこの名称がダサいということはココでは触れない）。

とにかく神戸っこは地元・神戸が大好きでたまらない。就職などで県外に出ても「いつかは神戸に帰りたい」という気持ちを抱えている人は、潜在的に相当数いるはずだ。ちなみに神戸を出て東京で就職を果たしている者が帰省した際などに一緒に飲みに行くと、「いま三宮歩いたけど、神戸ってホンマ女の子かわいいよな」というセリフをほぼ8割方耳にすることになる。そして「絶対数は東京にはかなわんけど、率は間違いなく神戸が上やで」と、なぜか訳の分からない確率の概念を持ち出して、ビールを飲み干しながら神戸の良さを称えるのである。しかし、このセリフこそ「規模は大きくない

けれど、質の高さでは負けない」という神戸人の意味不明なプライドの高さを象徴する言葉にほかならない。地方都市なら地方都市なりに暮らせばいいものの、どうもそうはいかないようである。

県外の人の賛辞が神戸っこを増長させる

神戸っこがそのようなプライドと自意識を持つのには外的要因もある。例えば、県外の仕事で名刺を差し出した際に、相手が住所を一瞥するや「神戸っていいところですね」と言葉をかけてくれる機会が非常に多いのである。そしてまた神戸っこはよりいっそう自らの郷土に自信と誇りを持って調子に乗ることになる（調子に乗っているとは実際思ってないけど……）。「神戸ってやっぱりみんなオシャレで〜」「栄町あたりの雑貨屋さんが大好きで〜」「北野あたりにおいしいレストランがあって〜」などなど……。まるで太鼓持ちのようにあの手この手でみんながこの街の文化や景観を勝手に褒め称えてくれる。これは神戸人にしか分からない暮らしの中での小さな優越感なのかもしれない（そんなに、みんなから褒められたらますます調子に乗ってしまうんだけど）。しかし、神戸っこは自分がオシャレでもなんでもなく、キュートな輸入雑貨などにも大して興味はなく、ましてや神戸ビーフなどは誰かの結婚式で小さなステーキを食べたことがある程度の縁しかなかったとしても、華麗な神戸イメージを自らの特権として纏いたいがために、否定することは断じてしないのである。嬉しそうなリアクションを見せつつ、その言葉を自らの心の栄養として吸収するのである（神戸人はそのへんの立ち回りが上手いよな）。

正直なところ、異人館という30年以上前のＮＨＫの朝の連ドラ遺産で食いつなぐ観光の地盤沈下（そもそも、もはや来るのは老人かアジア人ばかり）や無人の観覧車が寂しく回り閑古鳥が鳴くハーバーランド、街の起爆剤となるような大規模な商業施設やエンタメ施設が長らく誕生しない現実を知りながらも、それらを決して直視することなく「オシャレで素敵だから大丈夫！」と適当に太鼓判を押して、満足できるオメデタイ人格も神戸人の一面だと言えるかもしれない。あまりになにもできないものだから、２００６年にオープンしたミント神戸を、まだ大半

神戸を代表する下町・長田。ザッツＢ級グルメなそばめしの発祥地と知られるなど、独自の磁場を持つ。右上の旧居留地とはあきらかに異なった空気で「神戸ブランド」とはほど遠い

の神戸人は「新しい施設」だと捉えているのが現実である（そもそも、あの緑色の建物はどうやねんって指摘は多いはずであるが）。
　ただ、この街を自分たちは肯定的に捉えているくせに、他市・他府県の人がその華やぎを求めて観光にやってくる場面に出くわすと、途端に「ま、そんなに大したことないんやけど」と語るのも神戸人の冷めた部分である（日本人的な謙遜ではなく完全に神戸人的な上から目線）。もはや〝面倒くさいツンデレ〟といった姿勢にしか見えないが、その典型例と言えるのは、いまや神戸の冬の風物詩となった神戸ルミナリエだろう。「震災復興（※1）」「鎮魂」といった当初持っていたはずのコンセプトが年々薄くなり、ただ観光客をかき集めるだけのコンテンツになってしまったルミナリエに対しては、「我、関せず」の距離感をとって接する人が大半である。毎年12月の初頭に大量の観光バスで乗り付ける観光客集団に対して「わざわざ見にくる人まだいるんや？」と呆れてしまう。むしろ12月にそのあたりをウロウロするのは「地元人らしからぬ野暮だ」と言わんばかりに、早々に地元に引っ込んでしまったりする。
　ルミナリエほど分かりやすい例ではないが、同じく北野の異人館街を散策したり、メリケンパークに足を運ぶ旅行客の姿を見ても、「見るとこないのに……」とイメージ先行型であることを知っているがゆえの素直なコメントを残してしまったりするのである。

大阪人と神戸人の見分け方〜神戸人の特徴〜

語尾が「〜とう」の神戸弁を愛用
粗大ごみは「荒ゴミ」、日直は「日番」と称する
「関西人」とカテゴライズされるのを嫌う
大阪人の距離感の近さが実は苦手だったりする
山と海で方角を示すことが当たり前
お好み焼きは混ぜて焼くのではなく具をのせて焼く
美人の率は神戸が一番高いとひそかに自負している

※神戸市在住者のコメントより独自作成

神戸弁≠関西弁 大阪と一緒にしないで！

　そして、神戸人は「関西人」とカテゴライズされることにとても敏感に反応し、「大阪のご出身ですよね」などと言われようものなら即座に否定する（大阪と一緒にされるぐらいなら、神戸っこを辞めます）。同じ関西圏の出身者ならともかく、他地方の出身者からすると語尾が「〜とう」の神戸弁を聞き分けろと言われても、外国語のリスニングばりに難解なのは当たり前である。それでも、相手が気づいてくれないとみるや「いや、私は神戸なんです」とサラリと言ってのけ、大阪人とは違う扱いをするように暗黙の理解を求めがちである。ただ、大阪と神戸を一緒にされるのは嫌なくせに、大阪に対して敵意を持つ人はほとんどいない。だから平気で進学や就職では県境をまたいでしまったりするのである。意味不明かもしれないが、基本的には大阪を可哀想な存在として見ているので、敵意はないのである（大阪人は怒ると思うけど……）。これは、元来ガツガツと競争することをヨシとしない、神戸人ならではのスタンスもあるだろうが、そもそも大阪とは「競う土台が違うから比べたり競争したりするいわれがない」（むしろ比べてほしくもない）という理由の方が大きいようだ。センスであったり民度であったり、数値化できない主観的な部分に神戸人の源泉はあるのだ！

東＞西＞北の順で内部には格差が！

　ただ、ここまで一口に神戸人を論じてきたが、あくまで外から見ればひとつの人種であっても、内部ではその様相は大きく異なる。神戸人が感じるエリアごとのヒエラルキー的なものが厳然として存在し、その中で日々この街での暮らしを楽しんでいる。おおざっぱに分けるとオシャレでハイソな東神戸、下町の風情が残る西神戸、そして「その他」である（ほかに適当な表現が思いつかない）。

　まず、東神戸（三宮・元町〜東灘）は、いわゆる外部の人が抱く「神戸」のイメージがぎゅっと濃縮されたエリアになる。太陽の光を浴びてキラキラと輝く波、頬を優しくなでる海風、歴史を感じさせる重厚な旧居留地の街並み、オシャレな服や雑貨がディスプレイされたセレクトショップ、石畳の街・岡本を行きかう華やかな巻き髪の女子大生など。これまでファッション誌や観光ガイドで、飽きることなく垂れ流されてきた神戸のイメージははっきりいってすべてこの中で揃ってしまうのだ。当然、ここに住まう住民たちの満

※1　ここで言う震災とは阪神・淡路大震災を示す。

足度は高く、神戸ライフをもっとも享受しているといえるかもしれない（とはいえ、その中でも今度は南北の格差があるのだが）。面白いのは、彼らが神戸人の次に持つアイデンティティは、「阪神間」という帰属意識にあることだ。芦屋や宝塚の住民の暮らしに親近感を覚えることはあっても、彼らが長田や鈴蘭台での暮らしに自らを同化することは100パーセントないと断言できる（そもそも、したくない）。阪急電車の絆は、行政区よりもはるかに強固である。

一方、西神戸も住民の地元愛は相当に強い。兵庫区や長田区は市場あり、町工場ありの下町エリア、須磨以西は程よくのどかなベッドタウンと印象は違えど、どちらも（最寄り駅からバスに乗車などの場合はのぞき）神戸市中心部へのアクセスも良く、住むには快適な場所である。また、須磨そして2013年1月までは新長田にも大丸の支店が存在したように超地元ローカルの経済圏が成立していることも特徴だろう。ダイエーとなんの変哲もない商店街があるだけにしか見えない板宿に日々あれだけ人が行きかっていることは、東神戸の人間からするともはや信じられない話である。

そして、いつもまるで刺身のツマのようにぞんざいに扱われるその他エリア（北区と西区）。三宮で飲んでいると夜9時くらいにも関わらず「そろそろ帰りの電車ないんちゃうか？」などと蛮族でも住んでいそうなド辺境扱いされてしまうのが現実だ。もはや住民たちも都市としての発展や利便性といった部分で海側と争うつもりはないようである。その代わり、彼らは「夏場でもクーラーがいらない」などと軽井沢のペンションのような謳い文句で、海側にはない「裏神戸」の存在感を発揮しようとする（というか、それ以外に魅力がない）。

とはいえ、彼らも市外に出てしまえば立派な神戸人である。市内の高校を卒業して某地方大学に進んだ知人は、入学時の自己紹介で「神戸出身」と話しただけで、やたらと好意的に受け入れてもらえたのだという。彼は、新開地から神鉄に小一時間揺られて到着する三木市との境の住民であったにも関わらず、である。このように実態はどうあれ「オシャレでステキ」な神戸イメージを前面に押し出しつつ、プライドというカチカチの鎧を身にまとって神戸人はキャラクターを形成していくのだ。

ギャルっぽい女子大生とマダムたちが存在感を発揮する東灘区・岡本は雑誌等でもよく取り上げられるオシャレスポット。ただ、その取り上げ方も大阪とはちょっと違いお上品で鼻につく？

KOBE-SHI

ブランド

なんだかいい響き 言うほど恩恵はないが

なんでも「神戸」をつける これがこの街の商法だ！

過去に神戸市は「神戸のイメージ」を他都道府県の人々に尋ねるアンケート調査を実施している（2003年）。その際に挙げられたものを割合が高かったものから並べると順に、「港」「異国情緒」「オシャレなファッション」「六甲の山と緑」「グルメ」となる。まあ、わざわざ調査をしなくともおおよそ予想通りの結果であるが、とにかく神戸は他都道府県の人にとって行ってみたい（あるいは過去に行ったことがある）観光地のひとつであり、総じてポジティブなイメージで捉えてくれているようだ。

さて、前出のようなイメージが定着した現在の神戸市だが、どういったいきさつでブランド都市へと成長したのかを解説しよう。

神戸港は天皇が居を構える京都から最も近い港であり、攘夷の気運が強かったため、開港自体が横浜から9年遅れる1868年であった。そして開港と同時に居留地が設定され、日本人の出入りが厳しく制限された事実上の租界（自治権や治外法権を持たない国内にある外国の領土）となるのだが、居留地はイギリス人によって設計され、競馬場などの娯楽施設も建設されており、当時としてはずば抜けてオシャレな街だったのだ。

それが日本に返還されたのは、不平等条約改正後の1899年。おそるおそるやって来た日本人は近代建築の整然とした街並みに「こりゃ、ハイカラじゃ！　外国文化はすごいのう!!」と誰もが競って外国かぶれになった（と思う）。つまり、最初から外国人御用達の

神戸肉、神戸ビーフといった看板が街中に。しかし、実は1回も食べたことがない神戸人もかなり多かったりして。プチ贅沢を味わいたいなら、神戸ビーフ入りコロッケで我慢するのが庶民の知恵

オシャレタウンだったのである。

　また、現在に至る観光都市のイメージを決定付けたのが1977年放送のNHK連続ドラマ「風見鶏」だ。最高視聴率は48・2パーセントにも及び「エキゾチック」「グルメ」といった街の魅力が全国に発信された。

　このイメージの良さをフルに活用すべく、巷には「神戸」の名前を冠した商品が山のように売られており、おみやげとして絶大な支持を集めているのは周知の通りだ。「遠方から来た人におみやげで渡すのにも、やっぱり神戸って名前が入ってると分かりやすくていいじゃない。それに、みんな喜んでくれるのよね」(30代女性・談)。

　ただのチョコレートやクッキーさえ、「神戸」と大書したパッケージに入れてあれば、抜群の魅力を発揮(だいたい、そういったパッケージには港や六甲山、ポートタワーの絵が描いてあるところまでお約束だ)。「とりあえず神戸ってつけときゃいいだろ」な確信犯過ぎて「それ全然神戸と関係ないやんけ!」とツッコミたくなるアイテムもたくさんあるんだけれど。

神戸ブランド一覧

名称	コメント
神戸ビーフ	言わずと知れた神戸ブランドの王様として世界的に有名
神戸コレクション	西日本最大級のファッションイベントとしてすっかり定着
神戸プリン	神戸みやげとして根強い人気を誇り、見かける機会も多い
神戸ワイン	行政の肝いりでスタートしたものの、ここまで評判は散々
神戸コロッケ	完全に観光客向け。地元民はむしろ「神戸水野家」に親近感
神戸パンダサブレ	神戸の新名物であるパンダをモチーフに。家族連れに人気
神戸ノート	神戸の小学生には定番
神戸嬢	巻き髪が特徴的な神戸らしい女子大生
コーベアー	神戸発のゆるキャラ。認知度ではクマもんに完敗

※各種資料より作成

神戸人だからって神戸ビーフは食べないし

　数ある神戸ブランドの中でも、正統派の代表として最初にその名が挙がるのが世界に誇る高級食材・神戸ビーフ。オバマ大統領が訪日の際にリクエストしたという大統領のお墨付きの一品だ。兵庫県産の但馬牛の中から、厳しい基準をクリアした牛肉のみが名乗ることができる、まさにブランドである。が、当然高いわけで神戸人でもそうそう口にはしない。もっと言うならば「未体験」の神戸人もそれなりにいる(が、みな見栄をはってそれを告白しないのも神戸人ならでは)。

神戸に関係があろうとなかろうと、とりあえず神戸の名前を冠しておけばそれで万事解決。洋菓子にコロッケ、さらにはふりかけまでもはや「言ったもん勝ち」な世界が広がっている

ほかにもお土産の定番「神戸プリン」など成功事例は枚挙にいとまがない。「失礼やけど、田舎に住んでいる人ほど神戸ってブランドをありがたがってくれる気がするわ」（40代男性・談）は的を射ているかもしれない。その一方で、「本当に大事な人や会社のお客様には、ツウしか知らないような神戸ならではのセンスのいいお菓子や小物などを贈ることが多いですね」（30代女性・談）と神戸人は巧みにダブルスタンダードを使い分ける。「地元においしいお店がある」ことも神戸人の自慢であり、さりげなくその優越感をアピールする狙いもあると大いに思われる。

神戸在住だからこその特権もブランドだ

対外向けのおみやげ商品だけが「神戸ブランド」なわけではない。「神戸に住んでいる」「神戸出身」だからこそ手に入るものもある。代表例としては自動車の「神戸ナンバー」が挙げられるだろう。かつてご当地ナンバーとして「湘南」などが人気を集めていたが、神戸も同様。泣く子も黙る「なにわ」や「姫路」ナンバーほど公道上でインパクトと存在感を発揮するわけではないが、「オシャレなナンバー」として認知されている。また、普段はほぼ意識することがないが「住所」や「最寄り駅」だってこの街に住んでいるからこそ得られるブランドのひとつ。「京都で学び、大阪で働き、神戸で暮らす」が関西人の理想とされているように、神戸は古くから鉄道会社主導で多くの住宅地が開発された。歴史ある住宅街の名前そのものがブランド化しており、「御影山手」（東灘区）「青山台」（垂水区）といった住所が、市内外の人々の憧れを集めている（東京の自由が丘や白銀台、芦屋の六麓荘ほどではないけれど）。１９９６年に東灘区にできたＪＲ「甲南山手駅」は比較的新しい駅だが、「甲南」「山手」と神戸らしい言葉をふたつ並べてくるあたり、新たなブランド化を目論むＪＲの野望が透けて見える気がするのだが……。

ちなみに先ほど登場した垂水区青山台のすぐ近く、塩屋町の住人は「ジェームズ山という通称の方が有名だから、住所を聞かれたらジェームズ山のあたりって答えてるよ」とのこと。日本なのにさりげなく横文字地名が混じるなんて、さすが神戸だ（って言われたいからですよね？）

あまりにも建物が立派すぎるがゆえに、人の少なさがいやでも目に付いてしまう神戸ワイン城。ワイン＝大人のイメージがあるけれど、本当はファミリーで来たら広々と楽しめる施設なんだけど

神戸ワインに神戸ファッション

しかし、いかに神戸ブランドとはいえ、成功例ばかりではない。残念な見本になってしまったのは神戸ワイン。１９８３年からスタートした事業は最盛期の１９９８年には１１０万本（７２０ミリリットル換算）もの売上を記録していた。しかし、海外ワインの増加もあって、その後ガクッと売り上げが落ち込んだ。近年では量から質へと方針転換し、コンクールでの受賞を果たす銘柄も登場しているものの、２０００年代初頭〜中盤には「ワイン1本200円!」などという投げ売り価格での販売も。しかし、ボトルワインが２００円って安すぎるなぁ。

最後に「ファッション」にまつわるものを。大阪では「ヒョウ柄&パンチパーマ」のコテコテおばちゃんが女性のステレオタイプだが、神戸の場合はロングブーツ&巻き髪の神戸嬢たちが街を彩る（名古屋嬢よりは「上品」というのがポイント）。神戸嬢なる言葉が生まれたのは２０００年頃で、「JJ」などの女性ファッション誌がこぞって取り上げたことから全国的な認知度を高めるに至った。あてはまるのは「エレガントなお姉系ファッションに身を包んだ」女性で、対象エリアは東灘〜中央区あたり。代表的なのが甲南女子大や神戸松蔭女子学院大といった市内の「お嬢様学校」在校生で、両校からはいわゆる「読モ」も多数登場し、紙面を華やかに彩った。

またファッションを語るうえで、「神戸コレクション」の存在も忘れてはいけない。２００２年から始まったこのファッションショーは、今では海外公演も開催されている。しかし、２００６年から同イベントの開催時期に合わせて市内のアパレルショップや飲食店を巻き込んで開催される「神戸ファッションウィーク」は「あれ、毎回街中にバナー出して告知してるけど、なにやってるのかいまいち分からない」（30代女性・談）と認知度はいまひとつ。神戸市や兵庫県も主催団体に名を連ねているものの、そもそも「ファッション都市神戸をもっとオシャレで楽しい街にしよう」というコンセプトが漠然としすぎ。残念なことに、マスコットの「コーベアー」の人気もパッとしない。安定の神戸ブランドに、流行のゆるキャラとなれば、無敵な気もするんだけど。

KOBE-SHI

産業

開港後の神戸を牽引した重厚長大路線の工業

重工業が牽引したかつての港町神戸

今でこそ観光都市のイメージが強いが、開港後の神戸を支えてきたのは重工業の発展だった。近年の神戸経済の低迷も、根本的には経済の牽引車であった重工業の衰退と貿易港としての神戸の地位が低下していることが最大の要因だろう。最近は、先端医療という知的生産分野に一発逆転をかけているが、果たして本当に大丈夫か？

まずは、これまでの神戸の産業を振り返ってみたい。神戸を代表する重工業といえば、川崎重工の名前が第一に挙がる。神戸を本社に株式会社川崎造船所が誕生したのは１８９６年。１９０６年には、日本初の潜水艇を製造するなど当初から高い技術力を発揮した。また、兵庫分工場（現・川崎車輌）を設置して機関車、客貨車や橋桁の製作を始め、１９１１年には国産化第1号の蒸気機関車を世に送り出した。現在でも川崎重工は国内外に送り出す電車を数多く生産。和田岬にある工場付近の踏切は「各国に輸出される電車がありえない連結で走り、ここでしか見ることができないレアな写真が撮影できる」と鉄道マニアが大絶賛。週末ともなればカメラと三脚片手に撮り鉄たちが集うスポットだ。

また、製鉄業の神戸製鋼所も神戸を代表する企業のひとつ。沿岸に建てられた高炉からモクモクと煙が上がるさまは、港町神戸の景観のひとつとして古くから親しまれてきた。「シンコー」と市民に親しまれる理由は、なんといっても強豪ラグビーチーム・コベルコスティーラーズの存在がある。ま

た、2002年からは製鉄所で生み出されるエネルギーを利用した温浴施設「灘浜ガーデンバーデン」を運営し、こちらも地域で親しまれるお手軽温泉スポットとなっている。「ひと昔前までは神鋼や川重は、神戸の男性たちにとって一番人気の勤務先。安定していて給料もいいからと、お見合いでも人気があったんですよ」と娘を川重勤務の男性へと嫁がせた80代老人は話す。高度成長期を支えた重工業は、「おカタい」安定株として信頼を集めていたことを物語る。

日本酒と靴も 神戸の地場産業

重工業以外でも、東神戸では江戸時代以来続く日本酒製造業、西神戸（特に長田）では家族経営スタイルの小さな工場が活躍したマッチ産業、そしてケミカルシューズ産業が神戸経済を引っ張ってきた。もうひとつ、いまなお続く特色となっているのが真珠の加工・輸出業だ。水害で全財産を失って神戸に移住した高知の名士・藤堂安家が、真珠のシミ抜きや彩色加工を開発したことから、各地の養殖業者もこの加工技術を求めて神戸に出店。昭和に入ると、外国商館を通じて海外の市場とつながる神戸に真珠が集まるようになって、流通の拠点としての基礎を築いた。戦前、日本の真珠の取引の8割を担った神戸であったが、第二次世界大戦後、将兵が帰国土産として養殖真珠を持ち帰ったことで、今度は輸出ブームを迎えた。1952年には、神戸が世界の真珠取引の中心となることを目指す拠点として「日本真珠会館」がオープン、全自動式エレベータや全館蛍光灯など当時の最新設備が惜しげもなく投入された。今も北野界隈で真珠加工業者が集まる通りは、パールストリートと名付けられ、日本人だけでなくインド人やユダヤ人、そして欧米各国からの商人たちが事務所を構えている。

大震災以後の 神戸経済は低迷

しかし、すべてをドラスティックに破壊してしまったのは、阪神・淡路大震災である。川崎重工や神戸製鋼では沿岸部の工場を中心に甚大な被害が生まれ、工場の閉鎖や移転を余儀なくされた。震災の記憶として、「自宅の窓から見えた工場の火災」を挙げる東神戸界隈の住民も多い。また、日本

港とその周辺の重工業の集積はかつての神戸経済の要だったが、震災で一気に元気がなくなってしまった。市がご執心の先端医療がこれに代わる存在になる日は果たして本当に来るのかな

ウォーターフロントへの投資は毎年高らかに謳われているけれど……。やっぱり集客の目玉となるような大きなハコものが登場しないと厳しいんじゃないでしょうか

酒製造業では多くの蔵が被災し、こちらも廃業を余儀なくされる企業が跡を絶たなかった。数百年も現役で使われてきた木造蔵が倒壊するなど、酒どころの趣ある光景が失われてしまった。そして、こうした震災の被害でもっともよく語られたのは長田のケミカルシューズ産業だろう。

　基本的に、家族経営が主流で小さな町工場が寄せ集まるようにして形成されていた長田区では、最盛期には1600軒もの靴業者が軒を連ね、長田区&須磨区で働く人の半分から3分の1がこの産業に従事していたとされる。しかし、震災当日に大火災が発生。「とにかく須磨警察署の方へ向かって家族でひたすら走って逃げたけど、このままでは須磨も全部焼けると思うほど火が強かった」「体験はないけれど、空襲のときはきっとこんな感じなんだろうと思った」と当日その場にいた者たちが恐怖とともに振り返るほどの猛烈な火が工場群を押し包み、被害総額3000億円とも言われる甚大な被害を生み、壊滅状態に。震災直後から、工場主たちは再建の努力を続け、1年後には約50パーセントの生産にまで回復したとされるが、廃業や転職、さらには長田からの移転などいまだに往時の水準には戻っていない。

観光と先端医療で再び復活なるか

　かつての主力産業が低迷を見せる中、現在神戸市が力を入れている産業となると、観光（これは以前から変わらない傾向）と先端医療分野である。しかし観光に関しては年間3000万人程度での微増傾向に留まっており、これはポートピア'81を開催した1981年とほぼ同様の数字（要するに、回復したといったほうが正解か）で、街の起爆剤とはなり得ていない。

　大きな期待を持ってスタートした「KOBE de 清盛 2012」キャンペーンも「なんで和田岬のあんな不便なところに作ったんやろ。中心部に拠点を置いて市内観光と一緒にすればもっと来てもらいやすかったのに」と三宮の商店主がグチるようにインパクトはほぼ皆無。ドラマ館・歴史館合わせて57万人の人出（想定は60万人）、そこから推定するに市内へは150万人の人出（限りなく好意的な試算な気がしてならないのだが）、そして市への経済効果は193億円という数字が先日発

異人館周辺も、昼間こそ人通りがあるけれど、暗くなってからはほとんどゴーストタウン状態。地元民が言うのもなんだけど、1回見たらもういいし、何年これで商売するつもりだろう

表されていたが「どこでそんな金使われとってん」と憤る商店主の言葉が偽らざる市民の反応だろう。観光に関しては、新たな目玉スポットが登場するでもなく「異人館」「ハーバーランド」「ポートタワー」「有馬温泉」などベテランたちの存在感におんぶにだっこが現状である。

　そしてとにかく日本人観光客の少なさに驚かされる。団体で北野坂を歩くのはほぼ100パーセント大陸からの観光客（中華人民共和国から）で、「こうなったらポーアイ（ポートアイランドの略）あたりに超巨大な免税エリアを作って、そこで神戸市がジャンジャン儲けたらええねん」という店主のやけっぱちの提案もあながち間違っていないように感じる。そして、これは言っても仕方のないことなのだが、京阪神は比較的距離が近いため、どうしても大阪や京都に拠点を置いての日帰り観光が多くなってしまっていることが神戸の泣きどころ（1日滞在できるような魅力ある施設がないことが悪いと言ってしまえばそれまでだけど）。神戸ルミナリエに代表されるように、「観光客の数はそれなりに来るけれど、地元にお金が落ちない」という構図が、街の経済を悩ませている。

　もうひとつの医療産業都市構想も震災後からスタートしたプロジェクトだ。1998年より、医療技術に係る基礎研究成果を迅速に臨床へ橋渡しする研究、先端医療の提供などをめざして、神戸市が強力に推進している。ポートアイランドに医療機関や研究施設を集積させ、クラスター形成を促進する先端的な取り組みとして、国内にとどまらず海外からも熱い注目を浴びている（？）。

　しかし、素人が字面を眺めただけでも高度で難しい分野だけに、すぐに地元経済へのポジティブなフィードバックがあるというものでもないようだ。先端医療センターには病院も併設しており、将来的にここで開発した新しい技術や治療法を現場で運用していく構想を持っているものの、現状はまだともに開発・研究を進めていく企業や団体を誘致することに手いっぱいの状況が続いており、目覚ましい発見や開発が行われたという実績は聞こえてこない。もはやお荷物状態になったポーアイ、さらには神戸市全体を再浮上させるためにも国内外のエリートたちが神戸に集まってくれるのをただ祈るばかりである。

KOBE-SHI

行政

再開発計画はことごとく失敗!?

空港反対運動以来 続く市政への無関心

お隣の大阪では、橋下市長の就任以来、行政に関するトピックが盛んに報道されているが、かたや神戸に関しては行政にまつわる話題はほとんど聞こえてこない（というか、みんな市政なんかに興味がない）。それぞれ不満はあったりするのかもしれないが、アツくなって騒いだり変化を求めるのはどうも神戸人の美意識にはかなわないらしい。そういえば、最後に神戸人が政治に対して熱くなったのは15年ほど前の神戸空港建設を巡る議論のときだろうか。「あのときは神戸に空港なんて本当にいらんと思ったし、近所でも三宮で署名したって言ってる人は多かったなあ。でもせっかく集めてもあっさり議会で却下されたし、もう運動する気も起こらへんのちゃうか」と厭世的に話す50代サラリーマンのように、もともと行政になんか興味がなかった神戸人は空港問題での挫折ですっかりスネてしまったのかもしれない。いや、きっと違うはず。だってその昔は、嬉しがってポートピア'81を見物に行き、六甲アイランドで外国人に混じってショッピングをし、ハーバーランドで夜景を見て「株式会社神戸」という異名に、ポジティブな響きを感じていたのも同じ神戸人だ。このあたりにもええかっこしいで負け戦を好まない神戸人の気質が大きく関わっているのだろう。ダメなものに「ダメ！」と直言せず、「私は関係ないですよ。勝手にやってるだけやん」と言わんばかりに無視を決め込むその姿勢、本当にいいんですか？　実は

JR元町駅からちょっと北に上がったところに、静かに佇む兵庫県庁。県にとっても神戸の浮上は最重要課題なわけで、市と仲が悪いとか言ってるけど、そんな場合ちゃうでしょ

市民が無関心を装っているうちに行政はとんでもない失敗を積み重ねていたりして……。

“ご破算で願いまして”市民負担は何百億円!?

いま、とにかく神戸市では外郭団体の破たんや倒産が大ブームである（そんなブームは来てほしくなかったけど）。後の章で詳しく述べるものもあるが、まず全国に衝撃を与えたものが２０１３年３月の神戸市住宅供給公社の解散で、これは全国の自治体でも初めての事例らしい。「震災のときに被災者のために頑張ってくれたから、倒産したみたいに言われるのかわいそうやなあ」（中央区・60代男性・談）という声がある一方で、「住宅供給公社が倒産したら、うちの周りの開発ってどうなるねん？ 誰も引き継がなかったら街がさびれる一方やで」（西区・50代男性・談）のようにニュータウンでは、公社が主導してきた開発の今後を危ぶむ向きも多い。事業に関しては市と神戸すまいまちづくり公社が引き継ぐとのことだが、果たしてどうだろう。しかし、開発ありきで将来的な土地の高騰などを見込んでいた層には、なんともやるせない結果となった。この住宅供給公社の解散に伴う市民負担は約２６０億円と見込まれる。市の税収を見ると２０１２年度は約２６５０億円で同２０１３年度予算は約２６６４億円を見込んでいるとのこと。単純計算で１年の税金の10パーセントが一気にここでなくなる計算だ。

「え、あれって神戸市が関係してるホテルなの？」と３セク感が薄いシーサイドホテル舞子ビラも実は２０１３年の春にこっそりと民間譲渡をしている施設のひとつ。愚直にホテル経営だけを続けていればそんな大やけどしなさそうなものではあるが、土地信託事業の破たんによって事業清算の道へ。ここで発生する市民負担は約１０４億円で、またもや税収の５パーセント弱がなくなった。しかし、「土地信託事業の破たん」っていかにもバブル丸出しの失敗の仕方はもはや市民をバカにしているとしか思えない。そもそも舞子ビラができたときにはすでにバブルが崩壊して年月が経っていたように思うのだが気のせいだろうか（人間、一度甘い汁を吸うとなかなか抜け出せないね）。しかし、一緒に信託事業を行ってきた銀行団の負債を全部神戸市が負担するとい

三宮、北野、そしてポーアイを抱える文字通り神戸の中心を担う中央区の区役所。三宮駅前の飲食店とホテルに囲まれた立地はさすが中央区。三宮図書館が隣にあること、みんな知ってんのかな？

う契約になっていること自体がどうなんでしょう？　利益が出たらその分、間で抜かれるわけだし……。どうも欲にかられた門外漢の市職員が、やり手の銀行マンにうまいことやりこめられたような気がしてならないのはひねくれすぎ？

お次は遠足で1度や2度は行ったであろう「神戸フルーツフラワーパーク」。こちらを経営していた3セク「神戸ワイン」も30億円の累積赤字が埋まる見込みがないとのことで、解散が決定。これだけ派手な破たんが続くと、30億という数字がかわいいものに見えてしまう。

まだまだあるぞ ビミョーすぎる3セク

もはや書きたてるのもやるせないけど、まだまだ危ない候補もある。２０１２年に民事再生法の適用を申請し、現在は神戸市が１００パーセント株主になっている株式会社海上アクセスがそれだ。かつて神戸から関空までのジェットフォイル航路「Ｋ－ＪＥＴ」を運営していた会社といえばイメージがつくだろうか。再生計画案は２０１２年11月に確定したが、市は約１３４億円の貸付金と引き換えに全株を取得。驚くなかれ、その全株式の評価額はわずか１億７千万円で、市は１３０億以上もの大損害を出している。将来的には、他の３セクと合併するようだけど、それってたらい回しにしながら借金の存在をうやむやにしているようにしか見えない。「民間やったらこれだけ債務がかさむ前に間違いなく倒産しとるやろ。結局は役所のメンツと身内に甘い体質がすべてやで」（神戸市民・談）と吐き捨てたくなる気持ちも分かる。

そもそも歴史を振り返っても、神戸は「行政らしからぬ」チャレンジングな取り組みを続けてきた自治体であった。人工島の造成にはじまり、博覧会を開催してみたり、ワインを作ってみたり。記憶に新しいところでは、「神戸をハリウッドみたいなコンテンツ発信都市にしよう！」と息巻いてＩＴ環境の整備やアニメなどのデジタルコンテンツ開発を進めた３セク、キメック株式会社なんて存在も（２００６年にひっそりと解散し、今はポーアイのビルにその名前だけが残る）。昨今の不振を極める３セクも成功していれば「先進的」と言われる類のものではあったかもしれないが、結果として残った

「そんなに観光客おったんか？」と地元民がいぶかしんだ「KOBE de 清盛」キャンペーン。今となっては、兵庫県の井戸知事による「画面が汚い」発言しか記憶にございません

のは多額の市民負担。派手でユニークな取り組みで注目を集め、「ほかとは違う」感を演出するのはいいんだけど、中身が失敗続きではねえ……。このへんの行政のハンドリングも、イメージ先行型で外ヅラを大事にする神戸人、さらには神戸という街と気持ち悪いほどにリンクしている。「株式会社神戸」時代の成功体験をいつまでも引きずらず、選択と集中によって着実な成功を積み重ねる時代に来ていると思うんだけど（今のトップはその時代を知っている人たちばかりだから逆にムリ?）。

関西では永遠の2、3番手
県下ではダントツ1位の神戸

こうした負担を大なり小なり支える神戸人は、現在約１５０万人強。２００４年には震災前の水準も越えた。１５０万都市といえばもう少し政治・経済面で存在感があってもいいところだが、同約２６５万人の大阪、約１４５万人の京都といった１００万都市が近くにあるせいで「京阪神」と一括りにされる。神戸が存在感を発揮するのはファッションやグルメやらポップなカテゴリばかり。経済では大阪に負け、観光には京都に負け、冷静に見れば微妙な立ち位置である。

一方で兵庫県内だけで見れば神戸市の存在感は圧倒的。神戸に続くのが人口50万人強の姫路であり、都市の規模としては抜きん出た存在だ。そのためか、神戸人は日本海まで続く兵庫県を意識することなく暮らし、なんなら「兵庫＝神戸?」くらいの感覚だ。

県内の巨人・神戸市に県も遠慮するのか市内での県・市の連携は、市民の目から見ても、あまりうまくいっている印象はない。公営住宅の窓口が一本化されていない点や、市内に美術館、男女共同参画センターといった同種のハコモノが県営・市営のそれぞれで存在すること、中央市民病院と県立こども病院の関係性などなど、他の大都市と同様に二重行政が指摘されている面もある（特別に神戸がひどいというわけではない）。

「そもそもわしらも兵庫県民の意識がないなあ」（50代男性・談）という神戸人特有の「県民意識のなさ」が諸悪の根源な気がしてならないのだがどうだろう。いっそのこと、大大阪都構想を繰り出すお隣をまねて、兵庫県下で大神戸の成立を模索するのが、解決の近道かも!?

KOBE-SHI

震災と復興

とっくの昔の出来事とはいかず

©Masahiko OHKUBO 1995

震災からの復興は過去の話なのか？

神戸に長く暮らす人間にとって、阪神・淡路大震災はそれ以前とその後を明確に分断するひとつの狭間となっている。正直なところ、「まだ復興は終わっていない」という政治家の発言やマスコミ報道を見ると「なにをキレイごとゆーてるんやろ」と違和感を感じる一方で、連綿と続く復興住宅での孤独死に象徴されるようにいまなお向き合わなければならない震災の負の遺産が数多く残されていることは、多くの神戸市民も理解しているはずだ。極端な言い方になるが、震災直後からしばらくは誰もが「復興」という大きな目標を掲げて連帯感を持って進んでいける時代が確かにあった。その中で、当時、グリーンスタジアム神戸を本拠地としていたオリックス・ブルーウェーブが掲げた「がんばろうＫＯＢＥ」のスローガンや、旧居留地に灯った神戸ルミナリエの灯りは間違いなく大きな役割を果たしたように感じる。

ただ、年月の経過とともにそれぞれの被災者が置かれた状況が画一的なものから個人的な段階へと変質し、「復興」という言葉に対する温度差も確実に生まれてきた。その乖離はいまに至るまで解消されておらず、どこかモヤモヤと引っかかった存在となって神戸人の心に刻まれている。「復興はすでに終わって次の段階だ」「個人的な生活再建は街の復興とは別問題だ」「産業を復活させるための取り組みが甘い」、それぞれの立場で言いたいことは数多くあるはずだが、そのどの言葉にも一定の信

毎年、1月17日に中央区の東遊園地で行われる「阪神淡路大震災 1.17のつどい」には、約1万人の方が献花に訪れる。黙祷をささげる多くの神戸市民は今、震災からの復興に対して何を思うのか

ぴょう性を与えながら神戸市は年月を過ごしてきた。

改めてにはなるが、震災被害の全容には、いまさらながら驚かされる。淡路島を震源地に発生したマグニチュード7・3の揺れは淡路島北部や神戸市などで震度7（ちなみに当時はまだ震度7という表現すら存在しなかった）の揺れを記録。兵庫県の太平洋側を中心に、死者6434名、行方不明者3名という犠牲者を生んだ。被害状況を神戸市に限ってみても、死者4571名、行方不明者2名、重軽傷者1万4678名の大規模な人的被害が発生した。

お粗末すぎる初期対応ぶり

こうした予期せぬ未曾有の大災害に市民を守ってくれる存在こそが行政や政府であるはずである。しかしながら、その初動もかなりずさんであったと言わざるを得ない。まず、当時の貝原俊民兵庫県知事は、迎えの車が到着するまで悠長に官舎で待機していたため、県庁への登庁が午前8時となり、指揮系統にいきなりの空白が発生。「自分の行方が分からなくなればさらに混乱する」との認識だったようだが、そもそも緊急時用に開設された衛星通信連絡システムが故障したことがこの判断を招くことになった。ちなみに通信システムの故障原因は「冷却タンクの損傷」であり、「緊急用に用意したものが緊急時に役に立たない」という意味でも、どことなく2011年に起きた原発事故と相通ずるものがあるように思う（この国の危機管理システムは、過去の教訓から進歩していない？）。

そして、当時首相の任にあった村山富市首相へも、特に自衛隊派遣が遅れたことに対しての批判が大きかった（中にはお決まりの「保守VS左派」の構図に落とし込んだくだらないものも多かったが）。もちろん少しでも早く自衛隊が救援に入ることで救われた命があったのは確かではあるが、「早く来てくれたからどうにかなった」というレベルではもはやなかったことも事実。

ちなみに、この件に関しては、村山氏が「なにぶん、初めてのことですので」となんともとぼけたコメントを発したことが火に油を注いだ格好になったが、ある意味でこの言葉は象徴的なのかもしれない。確かにこの日を出発点に、震度7からの復興という初めての

阪神・淡路大震災直後の神戸は、「復興」という言葉などまったく想像できない惨劇だった。今、神戸を訪れても震災の影響を感じさせるものは少ないが、暮らしの中にはまだ問題を抱えている

©Masahiko OHKUBO 1995

道を歩まざるを得なくなったのである。

美談だけではない被災地の直後の姿

発災直後は、人命救助、避難所の開設、食料や飲料水の供給など必要とされる支援は「誰が見てもそうなる」類のものであった。ただ、その中でも「長田のように被害が大きかった地域に比べて、支援物資やボランティアの数も絶対に少なかった。報道での露出量で支援の不公平があった」と当時を振り返る垂水区民がいるように、地域、あるいは避難所ごとに支援体制に大きな差があった。東日本大震災の際にもあったように、マスコミは大災害時に「自律心があり、冷静な日本人像」を発信しようとするが、実際には避難所の格差やリーダー選定の過程などで多くのトラブルが生まれていた。確かに大規模な暴動や略奪があったわけではないが、間違いなく被災者は日常のあらゆる部分でフラストレーションを感じていた。

市内の避難所数は1月26日にピークとなる599カ所を数えたが、その翌日には仮設住宅入居者の募集が始まった。1月下旬ごろからはライフラインの復旧や鉄道路線の再開もあり、曲がりなりにも市民の復興に向けた第一歩が記されることとなった。この後、数年をかけて仮設住宅から今度は復興住宅への入居に至るわけだが、ここで「従来のコミュニティを考慮しなかった」ことが、孤独死や高齢者ばかりの集合住宅といった現在進行形で続く問題の源泉となっている。

迷走するまちづくり低迷する産業

また、暮らしの復興と並行して、街の復興も行政が中心となって着手されることとなった。特に被害がひどかったエリア（新長田駅前や六甲道駅前など）に関しては防災性を高めたまちづくりのため都市計画が策定され、その内容に沿って新たなまちづくりが進められることとなった。しかし1996年に着工された「HAT神戸」や西の副都心と期待された新長田らは「住む」という観点からはかろうじて意義が見いだせるが、都市機能の面からするとサッパリ期待外れに終わっている。さらに街は年老いた住民ばかり（詳しくは後述）では、都市計画そのものに問

震災後に新しくできた街やマンションも多く、神戸の景観は一変。住まいに関して言えば、借り上げ復興住宅が2015年度から随時更新を迎える点が、大きな問題となってくることは間違いない

題があったと言わざるを得ないのではないだろうか。

　そして、神戸市・兵庫県、さらには国が同じく力を注いできたものが産業そして経済の復興であった。被害を受けた企業に対し、再建費用の特例融資などさまざまな策が講じられたが、震災直後からの2年間で神戸市に本社を置く企業の倒産件数は336件を記録。このうち震災を理由とするものは87件に及び、かつそのうちの77パーセントは従業員10名未満の中小企業であった。

　同じく市内の商店街や市場の状況も厳しいものだった。生活スタイルの変化によるマーケットの縮小や事業者の高齢化など、それ以前から薄々指摘されてきた問題が、震災を機に顕在化。「もう再建しても何年も商売できへんし」と廃業を決意する店主が相次ぎ、震災1年後の営業再開率は75・9パーセントに留まった。落ち込んだ地域経済を活性化するために1997年5月から「神戸で買いましょう」というキャンペーンを神戸市が主導したものの、成果はさっぱりであった。例をあげると、阪急春日野道駅近くの大日商店街などは、かつてはそれなりの賑わいを見せていたものだが、年々店舗が減り、現在は昼でも薄暗いゴーストストリートである。

震災後に建てられたＪＲ新長田駅前の商業施設は、一見賑やかだがテナントが埋まらない

　市内の商工業者に聞くと、かなり多くの割合で「震災前の方が良かった」という声を聞くことになる。乱暴な見方かもしれないが、地元に根差して暮らしてきた人々（地元企業勤務者や自営業者など）が厳しい道のりを強いられた一方で、大阪など他都市に勤務するサラリーマンが比較的早くから「労働」に従事し、個人的な復興を実現できたというコントラストが狭い神戸の街の中で繰り広げられ、そのギャップが最初に述べたモヤモヤ感の源泉になっているような気がしてならない。そしてきっと、この先もスッキリ解消されることはないだろう。

KOBE-SHI

インフラ

住みよい街のハズなんだけど

私鉄3線&JRの単独ユーザーが勝ち組

電車にバス、新幹線に飛行機と多くの交通手段が与えられた神戸市民ではあるものの、「アクセスが便利」と胸を張って言える住民は意外に数少ないかもしれない。神戸の交通事情を語るうえでまず欠かせないのが、東西にやたらと発達した電鉄事情。東神戸では阪急、JR、阪神、西神戸では山陽とJRが住民の足になる。「阪急が宝塚歌劇団の広告を載せているところを、山陽は潮干狩りの告知をしてるからねえ」（沿線住民・談）と話すように、路線ごとに空気感の違いこそあるが、基本的にこの4路線のみで三宮あるいは大阪へのアクセスが可能な人のみが、「勝ち組」と言えるだろう。

一方で、神戸市営地下鉄と神戸電鉄の場合は、大阪どころではなく「まずは三宮に出ること」を第一目標にすることになる。沿線住民たちの声を拾い集めてみると「普通列車しかないから急ぎようがない」（地下鉄西神・山手線）、「三宮・花時計前駅が微妙に三宮とつながってないのがイヤ」（地下鉄海岸線）、「新開地がターミナルなのがありえない。しかも、そのあとの神戸高速鉄道の乗り換えがムダに高い」（神戸電鉄）と不満は多いよう。神鉄の場合は代替手段として北神急行もあるが、1駅３５０円のぼったくり価格もあって、もはや選択肢にすら入っていない。

しかし、歴史的な経緯から新開地止まりである神鉄はある程度仕方がないにしても、２００１年に開業した地下鉄海岸線が三宮とダ

イレクトにつながっていないのは、理解に苦しむ。「三宮・花時計前」から各線三宮までの徒歩5分が面倒くさいことこの上ない。海岸線は開業以来莫大な赤字を垂れ流し完全にお荷物となっているが、この5分が与えるマイナスの影響はかなり大きいのでは？

同じく、悪評プンプンなのがJR新神戸駅。日本の大動脈たる新幹線駅に在来線がつながっていないとはお粗末極まりない。駅前も牛丼店とラーメン店、居酒屋が1軒ずつあるくらい。「出張で新神戸まで帰るときは乗車駅で駅弁とビールを買い込むのが鉄則。割高だけど、なにも食べられないよりはマシ」という神戸在住サラリーマンならではのテクニックも頷ける。

理不尽な終バスが暮らしの足かせに

鉄道と並んで市民の足となっているのはバス路線網。最大派閥の神戸市営バスに加えて阪急バス、阪神バス、山陽バス、神鉄バス、神姫バスが市内を走っており、鉄道路線を補完するかのように地域輸送を支える。これだけバスが走っているのも、坂道がやたらと多い神戸の地形に理由がありそうだ。鉄道駅からわずか徒歩15分〜20分の距離であっても、そのすべてが坂道なんて場合も多く、自転車を使ったりしようものなら行きか帰りかのどちらかが地獄。仕方なく、住民たちはバスを利用せざるを得ない現状がある。

バスユーザーたちの暮らしに常に制約を加えるのが、忌まわしき「終バス」の存在だ。中心部から離れるほど本数が少なくなるのは仕方ないとしても、さすがにそりゃないだろうと同情したくなる時刻表の設定も。「鈴蘭台からの最終バスが22時前なので三宮で飲んでいたら21時には帰宅するようにしないと」（北区住民・談）なんてのはまだマシで、ひどいところでは19時台にバスが終わってしまう地域も。「こっちが覚悟を決めて朝まで飲むつもりでいるのに、0時近くに一緒に飲んでいる奴らが電車で帰るときがいちばん腹立つ」（同右）というのも当然だ。

自分がバスを使っていなくてもデート相手の女の子がバスユーザーだった場合に二次被害を喰らうこともある。いい感じになったところで「バスがもうなくなるから」と無慈悲に帰られてしまったり、せっかく向こうがその気にな

そういやこんな乗り物もあった。ポートアイランドと“本土”を結ぶポートライナー。近年は島内に大学キャンパスが増えたこともあり、朝夕の混雑ぶりがえげつないことになっている

国道2号＆43号、そして並行して走る阪神高速3号神戸線は東西輸送を担う大黒柱的存在。海のそばにばかり大きな道路を通してないで、車社会の北区＆西区にもっとお金を投じてほしいもんだ

っても「お父さんが迎えに行きます。何時に駅に着きますか？」と娘を想うママからのメールで現実に引き戻されたり（結局、頼れるのはバスよりも家族だ。最寄り駅まで毎日のように送迎し合うファミリーも珍しくない）。なまじ家族みんなが終電＆終バスを頭に叩き込んでいるから、夜中に車で送ってあげたとしても「どうやって帰ってきたの！」と翌朝にひと悶着あることは確実。結果、健全な時間に別れざるを得なかった経験を持つ神戸男子は多いのではないだろうか。

続いては神戸の道路事情をご説明しよう。北区や西区では先述の送迎の必要性もあって車の2〜3台所有が一般的となっている（もちろん全家庭とはいかないけれど）。道路ひとつとっても浜側と山側の格差は顕著で、浜側には国道2号、国道43号、さらには山手幹線と片側2車線以上の道路が整備されているが、北区の大動脈たる国道428号（有馬街道）はいつまでたっても対面通行のまま。車通勤者も多い背景もあいまって、慢性的に毎朝渋滞が起こっている。暗いし、カーブは多いし、混雑するしでどう考えても有馬街道の整備が先だと思うんだけど、ここらへん、正直どうなんでしょう？

最後にいまだに市民から根強い抵抗感を示されている神戸空港の話でも。「マリンエア」という海なんだか空なんだか分からないネーミングはさておき、1日の発着便がそれぞれ30便を切るようでは、「直通バスを使って伊丹から乗った方が便利」という声が出ても仕方がない。しかも羽田や那覇はともかくとして長崎、鹿児島、極めつけには茨城空港行きなどは本当にニーズがあるの？ と思えてしまう。「小さい空港だから、飛行機の離発着が間近で見られていいよ」と子を持つパパは評価するが、3000億円以上かけてわざわざそんなエンターテイメントを作らんでもと思うのだ。

レトロなケーブルカーも観光客には人気。ただ、神戸人がわざわざ乗ることはそうそうなくて

日本の特別地域
特別編集㊼
これでいいのか
兵庫県
神戸市

MICRO MAGAZINE

CONTENTS

CONTENTS

神戸電鉄 鈴蘭台駅
三井住友銀行

神戸市基礎データ

国	日本
地方	関西地方
都道府県	兵庫県
団体コード	28100-0
面積（km²）	552.26
総人口（人）	1,548,089
人口密度（人/km²）	2,790
隣接している自治体	明石市、稲美町、三木市、三田市、宝塚市、西宮市、芦屋市 、淡路市（海上で隣接）
市の木	さざんか
市の花	あじさい
市庁住所	兵庫県神戸市中央区加納町6丁目5番1号
市の代表電話番号	078-331-8181

	面積（km²）	世帯数	人口			女 100に対する男性の比率
			総数	男	女	
東灘区	30.37	95,588	212,564	99,503	113,061	88.0
灘区	31.40	65,680	134,645	63,387	71,258	89.0
中央区	28.46	74,874	129,296	60,230	69,066	87.2
兵庫区	14.56	56,287	106,907	51,613	55,294	93.3
北区	241.73	87,464	224,956	106,407	118,549	89.8
長田区	11.46	47,380	99,025	46,403	52,622	88.2
須磨区	30.00	71,380	164,551	75,915	88,636	85.6
垂水区	26.83	95,313	220,227	103,562	116,665	88.8
西区	138.02	95,911	248,918	120,127	128,791	93.3
合計	552.83	689,877	1,541,089	727,147	813,942	89.2

※人口は平成25年1月のデータより引用

※面積は境界未定部分があるため実際の数字とはことなります

第1章

神戸って実際どんなトコ？

ずっとオシャレなふりして、かつての農村&漁村が集まって生まれたのが現在の神戸。もともと違う地域がくっついてるんだから、人も文化も違って当たり前だ。東と西では当然違うし、同じエリアの中でも北と南の格差社会も。では寄せ集めの神戸人の実のところとは？

ポーアイ、六アイの完成から四半世紀
人工島計画は中途半端

ポートピア博の大成功と「株式会社神戸市」

明治から戦後にかけて周辺を次々と合併していった神戸市の成り立ちについてはすでに触れた。1960年代以降、「さすがにもう合併は無理かも」と気づいた神戸市は、「土地がなければ作ればいいのよ」とマリー・アントワネットばりの豊かなイマジネーションで新たな領地獲得策に乗り出した。それが、「山、海へ行く」というリゾート地のようなコピーで知られる人工島政策であった。

「もう70年代あたりは本当にすごかったよ。毎日コンベアが土砂を運んでたね」（須磨区住民・談）と住民が振り返るように、神戸市は山から海へと土砂を運ぶ専用の約15キロにも及ぶベルトコンベアまで作っていたのだからスケールがでかい。この須磨ベルトコンベアは2005年に稼働を停止したが（って、21世紀まで山削ってたんかい）、その間に運び出した土砂は約5億7800万トン。東京ドームおよそ258杯分もの山を「大移動」させた。

これだけの大事業であるから神戸市も市民も相当気合が入った。「灘の山手にある中学校から眺めたら少しずつ埋め立てが進んでいくのが見えたんです。どんな街ができるんだろうって、みんなで楽しみに話してました」（灘区在住50代女性・談）と着々と工事が進む海上都市は新たな神戸のシンボルになることが期待された。そしてポートアイランドが完成したのは1981年。街開きと同時に「ポートピア'81」が華々しく開かれ、老いも若きも新名所へと殺到した。

島内には、モノレールの神戸新交通ポートアイランド線（ポートライナー）が走り、港湾エリア、居住エリア、ビジネスエリアの3つに区分けがなされた。当時は、神戸ファッションの元祖ともなったアパレル系企業の多くがこのビジネスエリアに高層の自社ビルを続々と建設。近くには神戸コンベンションコンプレックス（長い名前やなぁ〜）や大規模ホテルなども完備され、神戸最先端のビジネス・エリアとなった。ホテルにはフランスの星付き超有名レストランの日本支店が出店するなど、誰もが公認の〝イケてる〟街だったのだ（今の若い世代には、とてもとても信じられないかもしれないけど）。

山と海が近く、平野の少ない神戸市は、さらなる領地拡大を求めて山を海へと移転させた

お洒落な国際派都市 六甲アイランド

アイランド流行りに拍車をかけたのが、1972年に着工し、1988年に入居がスタートした東灘区沖の「六甲アイランド」である。こちらも同様に六甲山地の土を削って埋め立てられたもので、広さは580ヘクタールとポートアイランドに比べるといささか小ぶりではあるが、主に住宅地区と商業施設を中心とした、ホームタウン的なまちづくりが成されている。その一方で、当時バブル景気で大当たりしていた神戸ファッション業界にあやかり、神戸市がかかげていた「神戸ファッション都市宣言」の一環（もう、すでにこれがバブル丸出しのセンスなんだけど）として、神戸ファッションマートなど、とにかくファッションをテーマとしたお洒落な施設が建てられたことも、この街のブランド力強化に一役買っていた。

さらに、米国の大手企業の極東本社ビルや、外国人学校なども島内に移設され、外国人専用マンションも建設。アカデミックでインターナショナルな街のイメージが定着した。

人工島計画のフィナーレは 物議をかもした神戸空港

その後、懲りない神戸市はその勢いのまま、ポートアイランド2期工事、さらにその沖の神戸空港の建設へと突入。「そのうち淡路島までつながるかと思ったで」（60代男性・談）なんて冗談も、神戸市民なら誰もが一度くらいは聞いたことがありそうだ。しかし、その間にバブルは弾け、震災がありと状況は大暗転したものの、これだけの事業だから一度スタートしたら止まらない。挙句の果てには、「そもそも空港っているんか」という根本的な部分から住民を巻き込んでの大議論が巻き起こったことは記憶に新しい。

結局、反対には目もくれず神戸市は素知らぬ顔して2006年に開港を果たしてしまい、これにて「山、海へ行く」もいったんピリオドが打たれることになった。しかし、どの島も華々しかったのは最初だけ（いや、空港は出だしからケチがついてたな）で、90年代以降は低迷状態。ポーアイの企業はどんどんいなくなるし、六アイの人口は計画人口3万人の5割強（1万7000人）しかいないし投資の割に期待されたほどの効果はあがっていないと、もはや結論付けてしまってもいいだろう。

山があって、街があって、海がある……が神戸の長所のはずなのに、その位置関係を逆転させてしまったことに、株式会社神戸市のそもそものミスジャッジがあるのではないだろうか？「最近は夜が暗すぎて怖いこともあるね。小さい子どもでも家にいたら心配やと思うよ」（ポートアイランド在住・50代女性・談）ってもはや夜はゴーストタウンのようなエリアも。響くのは、コンテナ貨物を輸送する大型トラックが疾走する音ばかり。先端医療でもコンピュータでもなんでもいいから、いま「島おこし」のきっかけが待たれている。

美しい並木が整然と続く人工島。先の震災時には地盤の液状化と住民の孤立化で問題に

外国文化ウェルカム！で、日本初が多い街

神戸開港による異国文化の洗礼

よく名古屋人は何でも「日本一」というスケール感あふれるフレーズが好きだといわれる。同じ関西でも京都や奈良ならさしずめ「日本最古」といったところだろうが、神戸人はいずれともちょっと違う。同じ一番でも、「日本初」がお気に入りのフレーズ。上質なもの、ステキなもの、楽しいことは何でも自分たちが最初！　と自慢したい人種なのだ。江戸時代には鄙びた漁村だったといわれるこの街が、にわかに活況を呈し始めるのは、1868年に神戸村に貿易港が開港された時からだ。

開港と同時に貿易を行うために外国人が移り住むようになり、住居や通商の場としていわゆる「外

神戸市トピックス

東遊園地と在留外国人たち

神戸市役所のすぐ南側、フラワーロード沿いにある「東遊園地」は、阪神・淡路大震災の慰霊祭が行われる場所として、また「神戸ルミナリエ」のメイン会場として知られている。「小さい頃は地名だけ見て、ここにジェットコースターとかがある遊園地があると思ってた」（長田区20代男性・談）のように多くの神戸人がワクワクする名称に騙されているとは思うものの、この紛らわしい公園には開港以来の長い歴史がある。ここは、1875年に内外人公園の名称で開園した日本初の西洋式運動公園、すなわち日本初のアスレチック・フィールドなのだ。1870年に外国人居留地内に発足した外国人専用スポーツクラブ「神戸レガッタ・アンド・アスレチック・クラブ」（KR&AC）の運動場としても利用され、ここで外国人らが野球、ラ

国人居留地」が造成された。設計は、イギリス人技師ジョン・ウイリアム・ハート氏。道路が整然と東西南北に走り、街路樹・公園・街灯や下水道などが計画的に整備され「東洋一の街並み」と称された景観と、周囲の漁村とのコントラストを想像するだけで笑えてくる。後に、外国人たちの居住地はトアロードの坂道を北上し、六甲山の麓に広がる高台の北野エリアへと拡大。開港当初は居留地の中だけに存在したさまざまな異国の文化が、一斉に神戸の街中にあふれ出すようになったのだ（まってました!!　と市民は喜んだとか）。

洋服からゴルフまで怒涛の西洋文化三昧

　外国人向けのパン屋や菓子屋、レストランに洋服店（テーラー）や美容院といった生活にまつわる事柄はもちろんのこと、彼らが余暇として楽しんださまざまなスポーツや音楽も日本人の間にも広まっていく。1901年には、イギリス人貿易商アーサー・ヘスケス・グルームが六甲山ゴルフ場を創設。1903年には、日本初のゴルフ倶楽部「神戸ゴルフ倶楽部」が誕生した。この頁の表に記載した以外にも、コーヒー、喫茶店、洋家具、ボウリングなど神戸の日本初は数限りない。

日本で初めてリスト

初めてといわれるモノ	発祥の年代
西洋式公園	1875年（明治8年）
近代洋服	1869年（明治2年）
すき焼き	1869年（明治2年）
サッカー	1871年（明治4年）
オリーブ園	1878年（明治11年）
ラムネ	1885年（明治18年）
活動写真	1896年（明治29年）
ゴルフ場	1901年（明治34年）
バウムクーヘン	1921年（大正10年）
パーマ	1923年（大正12年）
ジャズバンド	1923年（大正12年）
バレンタインチョコ	1931年（昭和6年）

※「神戸が発祥物語」ホームページなどから独自作成

　また、この明治開港と同様の異文化流入が、第二次世界大戦終戦直後にもあったと言う。当時は三宮駅南東の磯上界隈に進駐軍のベースキャンプが張られていたのだ。「進駐軍の人がチョコレートをくれてね。新しいお菓子や外人さんの着ている洋服になにより興味があったわ」とは、三宮在住のオシャレな老婦人。当時、進駐軍のいわゆる横流し品を扱う闇市が国鉄（現ＪＲ）の高架下に誕生し、戦後の飢えをしのごうとする多くの人々、そして新しもん好きの神戸人で賑わった。今でこそ、輸入雑貨や化粧品などを売る店は多いが、神戸ではこの時代から闇市が、その役割を果たしていたのだ。

　神戸人は「新しもん好き、超ミーハー」と言ってしまえばそれまでだが、これだけ数多くの「日本初」にあふれていることから見ても、こだわりなく、興味を持ったもの、良いものを積極的に取り入れる傾向があることには違いない。それは、さまざまな人や文化が往来する港町独特の文化が育んだ気風であり、神戸ブランドの源泉になっている。

グビー、サッカーなどのスポーツを行ったことが、日本にそれらのスポーツが広まるきっかけとなった。

　また、後に現在はトアロードの北端・北野にある「神戸外国倶楽部」（外国人社交倶楽部）が園内に誕生したこともあり、外国人が集う社交の中心地となった。

　現在、KR&ACは磯上に体育館とグラウンドを移転し、在住外国人はもとより地域住民にもメンバー制を開放し、日本最古のアスレチッククラブとしての運営を続ける。今も平日の夕方や週末には、外国人らのチームが地元の日本人チームとサッカーに興じている姿もあり、いかにも神戸らしいワンシーンである。

東遊園地内にはボウリング発祥の地の碑や、近代洋服発祥の地の碑が点在している

阪急はセレブ!! 一方、阪神はローカル JRはお仕事専門列車?

マルーン色した優雅な山手セレブ・阪急

東西に著しく発展を遂げた鉄道網は、神戸の大きな特徴のひとつである。阪急・JR・阪神の3路線が阪神間を貫くように走り、地域の発展を長年支えてきたことはいうまでもないが、わずか数百メートル、線路の設置場所が異なるだけで、「こんなに乗客の人種が違うのか!」と驚愕の現象が起きていることも神戸の見逃せない鉄道事情だ。

その中でも山側を走る阪急は3路線中、もっともお上品な路線。理由は簡単で、乗客に女子大生が多く含まれているためだ。まあ、いまどきの女子大生がどれほどレディー教育を受けているかは甚だ疑問を感じるが、岡本駅の甲南大学&甲南女子大学（ちょっとはずれてはいるが）、神戸薬科大学、六甲駅の神戸松蔭女子学院大学、神戸大学などの市内の大学の最寄り駅であることもあって学生たちの姿が多い。

ちなみに神戸の男女比は男性人口72万人に対して女性人口81万人と女性比率が高く、さらに各区は均等に全て女性が上回っている。もちろんだからといって「女学生がビッシリ」という男性的妄想とはかけ離れており、実際は60歳オーバーのオバサマ（?）がもっとも多く、全国の自治体と同じように高齢化の問題をかかえているんだけどね。

リーマンご用達のJRと庶民派の阪神

阪急と阪神のふたつの私鉄の間

阪急・JR・阪神沿線別気質の違い＆特徴

阪急電鉄	・とにかく山の手臭＆小金持ち臭を漂わせる	・乗っている女子大生は巻き髪の神戸嬢	・甲南系列をはじめ近隣の金持ち子女が通学に愛用
	・基本的に客のマナーも良く、争いは見たことない	・ヤンキー等もほぼ皆無	・週末は行楽の家族連れなど仲睦まじい姿が目立つ
JR神戸線	・キャラの濃い2私鉄に挟まれてもっとも印象が薄い	・阪神の倍（体感）のスピードがウリで サラリーマン愛用	・毎度の遅れにイライラしながらも 駅員とのトラブルはなし
	・社内でよく読まれている新聞は日経新聞	・須磨から西へ向かうと行楽気分が満喫できる	
阪神電鉄	・ナイター後は勝っても負けても 虎ファンが存在感を発揮	・ジャージ姿の10代ヤンキー女子3人組などを 平気で見かける	・朝からスポーツ新聞＆ワンカップのおっさんも ⇒尼崎競艇へ
	・おっさんのぶしつけな視線にさらされるため、 ミニスカはほぼ皆無	・終電では絶対に駅員に叩き起こされる 醜態をさらす酔っ払いが	・生活臭満載。地元のおばちゃんにとって 数駅ならスッピンOK

※各種資料より作成

を挟まれたように走るJR神戸線。こちらは大阪・京都方面へはもちろん、姫路をはじめとする西部へもつながっている。そのためか遅延は日常茶飯事。「もう毎日みたいに遅延してるやないか」の声に賛同する神戸人も多そうだ。ここJRの乗客で圧倒的に目につくのはサラリーマン。新聞やノートPCとにらめっこし、あるいは小さく折りたたんだスポーツ新聞を熟読する姿が多分に見受けられる。華やかな女子大生の姿はないけれど、JRにはメリットがある。「普段は阪急やけど、遅くなったときはJR。タクシーなんか使ってられへんし」（長田区40代サラリーマン・談）と終電が遅いこと。大阪方面で働く神戸人にとって「大阪発0時20分台の西明石行き」は最後の命綱であり、酒臭い車両が彼らを家へと運ぶ。

市内の最も南を走るのは阪神電車。この阪神だが、一駅の区間が短すぎるという微妙な特徴がある。「駅間が近すぎるやろ。あれなら俺が本気出して走った方が早い」というのが市内の体育会系男子学生の声（青木駅と深江駅間とかね）。この近さを具体的な駅数にして表すと、三宮から東灘区の東端までにある阪急の駅は6駅。JRも同じ6駅。それが阪神の場合は倍の12駅もあり、地元住民のニーズにとことん密着している。当然ながら、前出の二路線と乗車する人種も大きく異なり激安スーパーへ買い物に出かけるおばちゃん（スッピン）やパックの日本酒を飲みつつボートレース尼崎へ行くおっちゃんなどなど、味のある濃厚な人種が主な乗客だ。

そんな阪神沿線住民の悩みは、やはりタイガース関連らしい。甲子園で試合がある日は勝てば車内は大騒ぎで負ければ選手や采配への悪口のオンパレードが車内に充満する。「大阪でバイトしているんだけど、帰りに阪神ファンの群れにあたったら最悪。そもそもなんでみんなユニフォーム着て電車乗ってんの？」（灘区女子大生・談）と野球に興味がない人には相当つらい環境だろう。

人種分布は北高・南低

阪急・JR・阪神の3本の鉄道で繰り広げられる日常の風景は、そのままその沿線に暮らす人々のライフスタイルを浮き彫りにしている。神戸は六甲山のある北からゆるやかに海に向かって南に下っていく地形と同じで、人種分布も「北高・南低型」という説が一般的だ。つまり、北から順に山手セレブ・阪急、平均的サラリーマン・JR、庶民派の阪神といった個性がくっきりと分かれていることは、おそらく転勤で神戸に来た人にもすぐに分かるだろう。

ところが最近、そのヒエラルキーにちょっとした変化が生じている。2006年、こともあろうに阪急と阪神が経営統合し、「阪急阪神ホールディングス」と社名を変更（美女と野獣と言うのはさすがに言い過ぎかな）。それに続く2009年には、阪神電車が奈良に強い近鉄電車とジョイントを計り、阪神なんば線が開通。いっきに奈良までの電車を走らせている。この合併劇を機に、阪神電車はまるで地下の古代遺跡かと思われた三宮駅や、ホームと電車の間が30センチぐらい開いてしまう古くてキケンな御影駅をピカピカに改修しイメージアップに努めている。しかし、そうは言っても、岩屋駅や大石駅のような各停しか止まらない駅は、今も昔もたいしてその人種相関図に変わりはないところが、ほほえましく、むしろ阪神ならではの個性になっているんだけどね。

三宮の東と西で変わり過ぎるのは歴史の違い

神戸の市内各地の歴史と違い

西宮市
芦屋市
北区
1973 年、兵庫区から分離する形で設置。全域が戦後になってから数次にわたって合併された地域となる。
灘区
1931 年設置。1929 年に吸収された西郷町、西灘村、六甲村がほぼ区域と一致する
オリジナル神戸市
西区
1982 年、垂水区より分離する形で設置。かつては全域が播磨の国に属し、歴史的にも明石エリアとの結びつきが強い。
東灘区
1950 年設置。ベースとなった 5 町村は神戸市との合併を前に精道村（現・芦屋市）とともに独立を模索
中央区
長田区
1945 年設置。1896 年（明治 29 年）に合併された池田村、
兵庫区
の両区が合併。市政施行当時から神戸市のオリジナル神戸市
垂水区
1946 年設置。1941 年に垂水町が須磨区に合併され、その後独立。江戸時代は播磨に属した（須磨以東は摂津）
須磨区
1931 年設置。1920 年に合併された須磨町とほぼ区域が一致する
1933 年設置。一部がオリジナル神戸市。戦後合併により北へ向けて拡大したが、のちに北区を分離

開港とともに進んだ歴史ある「東高西低」

東西に長い神戸市は、六甲山と大阪湾の間にわずかな平地が延び、「ベルト状」に広がっている。神戸を代表する三宮・元町はあくまで表向きの顔。ここを境に東と西では、街の印象はガラリと変わる。東西の広がる市域はおよそ36キロ。この36キロを端的に言い換えれば、東はアッパー、西は下町（ダウナー？）。同じ神戸でも、場所が違えば別の街だ。

歴史を遡れば、江戸時代には西は須磨区までが摂津国、現在の垂水・西区は播磨国であり、両区は明石藩の領地だった。東の灘・東灘区の多くは天領（幕府直轄地）であり、それ以外は尼崎藩が治めていた。

この一帯の中心は古くから開けた兵庫津界隈だった。その地勢を一気に変えたのが神戸港と居留地の造成。本当は、諸外国は神戸ではなく兵庫の開港を求めていたものの、「兵庫だと人が多いし、さびれた神戸あたりでお願いできますかね？」と幕府のお侍さんが交渉したわけだが、まさか数十年後にはその地位が完全に逆転しているとは思わなかったであろう。明治期以降に成立したいわゆる「神戸」では、後に新開地として発展する湊川が新旧市街の文化圏を分けた。現在も、阪急・阪神・山陽・神戸電鉄の私鉄各社が、ここで3方面から合流しているのが当時の地勢の名残だ（今では、だからなにって感じだが）。

戦後は兵庫区にあった市役所などの官公庁も三宮へ移転。さらに市電の廃止で兵庫・新開地がター

ミナルとしての役割を失ったのも、東西の盛衰に拍車をかけた。開港以来続いてきた神戸中心部における東高西低のイメージは、そのまま神戸全域の東西イメージにも当てはまる。

完全な下町化
西の「盛者必衰」

兵庫津界隈には湊川新開地に福原、西新開地（現在の長田区）と盛り場・花街の発展が西へ広がった。とりわけ湊川新開地は、戦前は東の浅草と並び称された繁華街だった。兵庫区は川崎重工、三菱重工などの重工業、長田区はマッチ工場からゴム産業、そしてケミカルシューズへと移り変わった町工場が連なる労働者の街でもある。だが、中心部が三宮に移るにつれ、西の栄華は衰退。神戸のイメージとは相いれない、下町の代表になってしまった。さらに西の須磨・垂水区まで行くと、兵庫区や長田区を「ガラが悪い」と嫌うようだが、灘や東灘区からすると、大して印象は変わらない。垂水区民から電話番号を聞かれたとき、「市外局番は？」と本気なのかイヤミなのか聞き返す東灘区民がいるというから、推して知るべしである。

一方で東の灘区・東灘区は、神戸ブランドの一翼を担う存在だ。でも、東灘区は「昭和の大合併」によって、一番最後に神戸市に編入された区域。本当は灘区という名称が良かったが、「すでに灘区があるからその東ということで」とやっつけ仕事な名前をつけられたあたりが唯一の黒歴史だろうか。ただ、東灘は、江戸時代の旧村の名残があって、お上が変わっても中世の荘園単位での行動を続けていた。御影界隈はつい最近まで住所に「字～」という長ったらしい記載が残っていたくらいだから、地域の結びつきは強かった。

同じく天領の地が多かった灘区も古くから酒造業が発展し、日本有数の酒どころとして名を轟かせた裕福なエリアだった。明治期以降も酒造業、さらには沿岸部の重工業が一帯の経済を牽引してきたこともあり、数百年レベルでアッパーな特別感をつむぐことに成功している。

ところで、神戸市の東西対比のなかで、広大な田園風景が広がる西区、通称「裏」とも「山」とも「上」とも呼ばれる裏六甲の北区は蚊帳の外にいる。北区＆西区の住民たちは海側の市街へ出ることを「神戸に行く」（じゃあお前の住所はどこやねん！）と言うことが多いが、そのどこかいじけたメンタリティが、両区の特殊性をよく表している。

ちなみに、山田村（現在の北区山田一帯）は江戸時代には天領として歴史を重ねた非常に由緒ある地域である。このあたりは昭和期に神戸市の一部となったのだが、それ以前に神戸市との合併が持ち上がった際には「都会と一緒にならずに、俺たちは独立を保つ！」と断固却下した勇ましい歴史を持っていたりする。確かにお荷物扱いされる現状を見れば、長いものに巻かれることなく先人の判断は正しかったと言わざるを得ないだろう。

かくして、神戸とひとくくりに言ってもまったくもってバラバラなのが実情である。かの司馬遼太郎は、「神戸人は神戸の生活習慣が一番と信じ込むあまり他の生活に対応できない」と述べているが、その気質は区レベルでも同様で、市内での移転も区をまたぐことはあまりない。あっても近所での転居が多い。２０１０年の神戸市の区別人口移動動向を見てみると、長田区への転入者の約５割が兵庫・須磨の２区からであり、一方で灘区への転入の約６割は中央区・東灘区からの転入で占められている（見たところ、西から東への移動の方がハードルは高そうだ）。とにかく、東と西で変わりすぎる土地柄は、そんな強すぎる地元愛の証明でもあるのだ。

かつては西神戸でも有数の規模を誇った六間道商店街も近年人通りが減りつつある

神戸でひたすら大阪的フレーバーをまき散らす長田区。新しい街の住民ウケはイマイチだ

デザイン都市の皮をかぶった明るい農村・神戸

神戸の農村（？）エリア

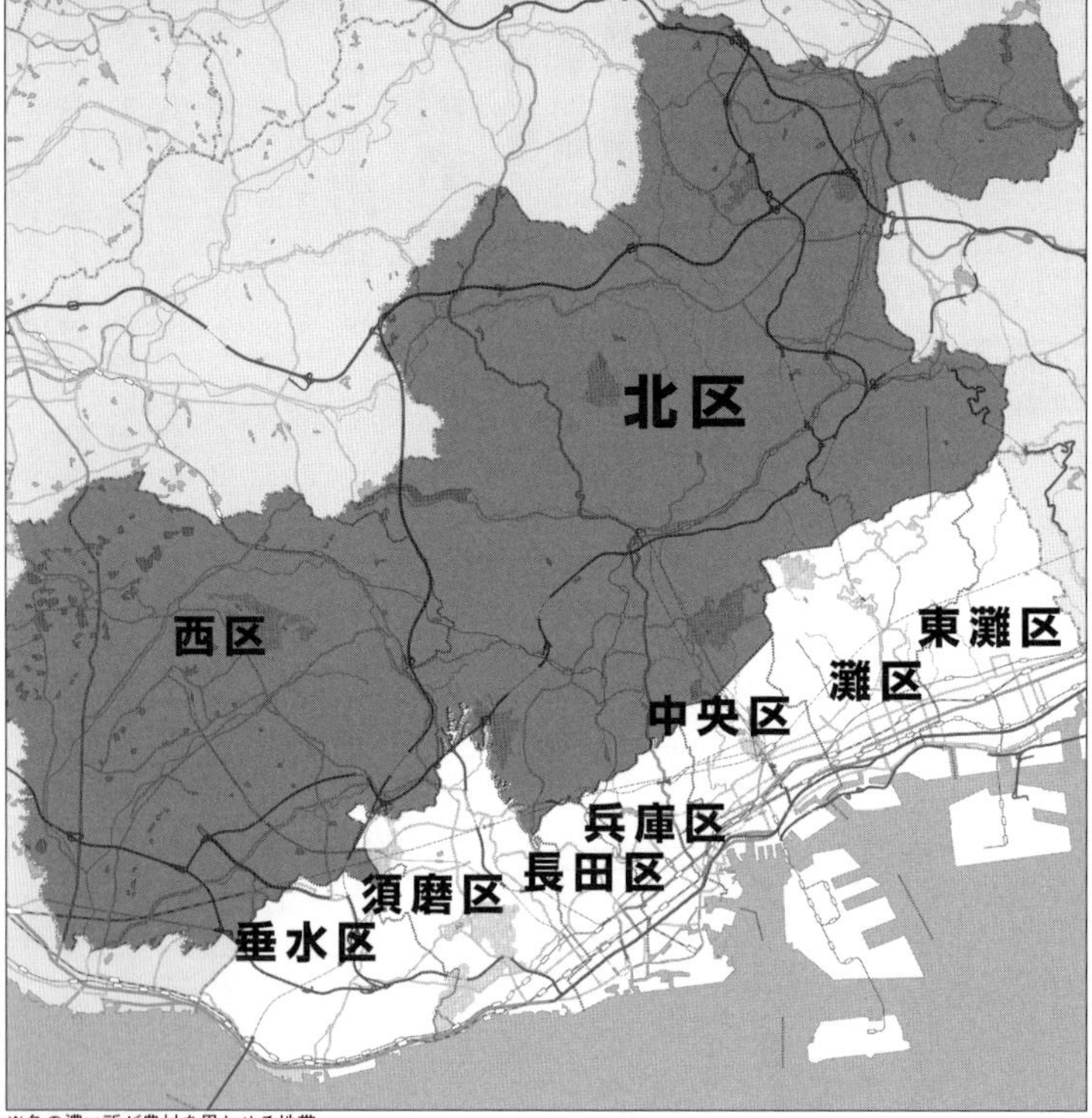

※色の濃い所が農村を思わせる地帯

トンネルを抜けると、「でもここも神戸市！」

神戸市の現在の面積は約550平方キロメートルで、北区は約240平方キロメートル、西区は約137平方キロメートル……ということは市内のほぼ70パーセントがこの両区域に含まれている。

しかし、この両区域が観光ガイドなどで取り上げられることはまずない。みんな薄々気が付いているが、ほとんどの地域が緑豊かな田舎で、海側だけオシャレに着飾ったハリボテ都市こそ〝神戸の真実〟なのだ。

北区と西区は華やかなイメージの裏で、いつだって搾取される側である。神戸市が誇るポートアイランドや六甲アイランドなんて、「背中の肉を前に回してバストアップ」みたいな美容整形手術みたいなもんだ。海側にはふたつも立派なおっぱいが付き、グラマラスな街になっていくのに、西区と北区は土地を削られる。不公平な開発を推進してきた神戸市に、文句を言う住民の気持ちも分かる。

そもそも「なんでうちが神戸市なのか分からない」と本音を漏らす住民も多い（特に西区の明石側とか北区の三田側とか）。実際、生活文化そのものも、いわゆる「神戸」とは異なる部分がある。北区は冬場になると「トンネルを抜けるとそこは雪国」になっていることも多く、雪で電車やバスが止まることも。三宮にある会社へ遅刻しても信じてもらえなさそうなので、とりあえず家の近くで写メを撮って事態をアピールするしかない。「天気予報の該当が兵庫県北部なのか南部なのか分からな

くなる」とも住人は話している。

西区も西へ行けばいくほど市民意識は希薄に。買い物は明石や大久保、神戸市バスではなく神姫バスが生活の足となれば、「なぜ神戸市民なのか」と本人が疑問に思うのも当然だ。「税務署が明石の管轄」など西区≒明石を裏付けるアリバイには事欠かない。

完全に辺境扱いされる両区は、その名に恥じず自然がいっぱい。浜側の住民が北区や西区の友人宅に1泊すると、「コオロギが鳴いてる」「風が涼しい」「星がきれい」など万葉歌人ばりに四季を愛でたりしてしまう。しかし、褒めていると見せかけて侮蔑のニュアンスを込めているので、それに気付いた両区民はイラッとする。

市がベイエリアにひたすら投資して作り上げた「表の神戸」には多くの観光客が今日も行き交う

両区が、緑豊かな農村であることは今に始まったことではない。地面を掘れば縄文時代や弥生時代の土器や石器が出てくるし（両区には古代からの遺跡が多い）、秋の収穫後の祭りで芝居を奉納する農村歌舞伎や能の舞台が数多く残されていたりもする。いまさらそのキャラを否定もできないのだ。

むしろ、明治維新まではこっちが農村で向こうが漁村だっただけで、同じように暮らしてきたはず。たまたま海が外国へとつながっていたからといって外国文化に喜んで魂を売り、どんどん洋風に仕立て上げられていった浜側こそ裏切り者であり、そもそもの神戸を知りたいならこっちが正統派なのだ。

しかし、わずかに六甲山系を挟むだけで距離的にはそこまで離れていないのに、ここまで差がついてしまうなんて、歴史はなかなかに残酷なものだ。

野菜の無人販売所やコイン精米機はおなじみ

ただ、今は「神戸」の埒外に甘んじているが、実は神戸ブランドを代表する食材の産地は大半が両区にある。その筆頭は、世界に冠たる神戸ビーフ。西区の果てあたりの住民は「近くに神戸ビーフの牧場があんねん」と得意げに自慢するものの、もはやそれは「自分の住まいが田舎です」と話しているも同様だろう。

また、産地が近いこともあって、田んぼのど真ん中に牧場直営の焼肉店があり、三宮あたりからわざわざ出かける客も少なくない（車でしかアクセス不可能な場所）。さらには、「あれみんな北区やと思ってるけど、実は西区やねんで」と地元民がムダにこだわる「六甲のおいしい水」の採取場があるのも西区。そして、これぞバブルの遺産ともいうべき「神戸ワイナリー」（見た目もシャトー風で、バブル感が漂う）があるのも西区で、「観光客以外は飲まない」とまでヤジられ「行政主導のエンターテイメントのダメな見本」みたいになっていた。「平日に行ったらガラガラで、いきなりタダでワインをくれた」「神戸ワインがモンドセレクションを獲得してから、俺はあの賞を信じていない」など地元でのダメエピソードは枚挙にいとまがない。

思わず「ヤッホー」と間抜けに叫んでみたくなるロケーションも北区と西区ではデフォルト設定

一方の北区は、全国のほとんどの吟醸酒が使っている酒米「山田錦」の一大産地でもあり、「二郎いちご」といった名産品も、地元では名の通った食材として定着している。ちなみに、「二郎いちご」を正しく「にろう」と読めるかどうかで北区民か否かは簡単に判別できる。また、有馬街道沿いでたびたび見られる「無人販売所」や「コイン精米所」の存在も、ここがやはり農村であることを強く思い知らせてくれる。

浜側の住民は「米を持っていくってなんやねん？」、山側の住民は「精米所行ったことないってどういうことやねん？」と日本人の主食たる米ひとつとっても、浜側と海側は交わることはない。どっちがリアル神戸かはともかく、「偉大なる農村」の中核として、もう少し北区と西区に優しくするようにしよう。

旧体質が変わらねば市政に変化はない!?

２０１３年秋の市長選には維新候補も登場か

２０１３年４月に日本維新の会政調会長の浅田均大阪府議会議長が「僕らの大阪都構想に神戸市あたりまで含んじゃおっかな～」と発言し、珍しく「なんであいつらと一緒にやらなあかんねん」「維新は大阪だけでええやろ」「そもそもあいつ誰やねん？」と神戸人がストレートな怒りを見せていた。

いまだに実態が見えない「大阪都構想」だが、維新陣営の言葉を借りると「二重行政によるコスト削減」などの効果があり、平たく言えば「大都市となることで発言権と存在感を持ち、地方主導で都市計画を進めていく」ことに主眼が置かれているようだ。ただ、神戸にとってのメリットはほぼ皆無。都になっても主導するのが現・大阪市である以上、神戸が大きな発言権を持つことは考えられない。特別区になってしまったら、行政上の権限が著しく制限されるため、それこそ大阪の好き放題にされてしまう危険性もある。二重行政の解消と言われても、大阪における水道行政のように大きな事案がないため、ピンと来ないし……。

なによりも「オシャレでハイソな神戸が大阪のベタでガラの悪いイメージに上書きされてしまうデメリットが最も大きい」（30代主婦・談）なんて声も紹介しておこう。

その後、同じく構想内に含めると名指しされた伊丹・宝塚の両市長選で維新候補が敗れたことを受け、矢田立郎市長も「ほかの街に関与しようとするのはピント外れ」と痛烈に批判していたが、普段は

矢田市政を冷ややかに見つめる市民たちは、このときばかりは喝采を送った。
　そして、神戸でもこの秋に市長選が開催される（すでに現市長は不出馬を表明）。話題の維新の会が候補者擁立を検討していることもあるが、本当に大事なことは維新候補の当落ではない。戦後間もない頃から続いてきた悪しき「市政の体質」を断ち切れるか否かがこの選挙の争点なのだ！　気づけ神戸市民よ！

戦後歴代市長の経歴

名前	任期	期間	経歴
中井一夫	1945.8.11～1947.2.28	約1年半	（弁護士・元衆議院議員／市議会の推薦に基づいて就任）
小寺謙吉	1947.4.7～1949.9.27	約2年半	（教育者・元衆議院議員／最初の公選制による市長）
原口忠次郎	1949.11.25～1969.11.19	約20年	（内務省→神戸市助役→元参議院議員／ポートアイランドを造成）
宮崎辰雄	1969.11.20～1989.11.19	約20年	（神戸市役所→神戸市助役／ポートピア'81を開催）
笹山幸俊	1989.11.20～2001.11.19	約12年	（神戸市役所→神戸市助役／任期中に阪神・淡路大震災）
矢田立郎	2001.11.20～	約12年	（神戸市役所→神戸市助役／2013年に3期目を満了）

※各種資料より作成

　左上にある戦後歴代市長の経歴を見てほしい。敗戦直後こそ短いスパンでの交代が続いたが、その後はわずか4人で半世紀以上も神戸市のかじ取りを担ってきたことに驚かされる。お隣の大阪市長は現在の橋下徹市長から3代さかのぼると磯村隆文市長で任期は1995年から2003年。京都の場合だと現在の門川大作市長から3代前の任期は1981年から1989年。わずか3代前で、1949年にまでさかのぼるのは異様である。

　さらに、この4人の市長には共通する経歴がある。それは全員が神戸市の助役を経験してから神戸市長になっていることだ。まるでエスカレーターのようにトップへと上り詰める構図も違和感たっぷりだ。政治的立場を抜きにして論じても、市役所あるいは市長が「都合のいい」候補を助役に据え、時期が来れば禅譲しているようにしか見えない。

　今回の選挙でも副市長（昔でいう助役）の出馬が取りざたされ、「出来レース」とすでに結果を予測する声があることも伝えておこう（矢田市長は後継を否定しているが……）。

市長・市役所・市議会 みなベッタベタの癒着関係

　さらには、市議会と市長の馴れ合いの関係もある。典型的な例が、最高裁まで争われた補助金問題。2004～6年に神戸市が違法な補助金を支出しているとして神戸地裁が市と外郭団体に48億円の返還を命じた判決がかつてあった。しかし、その途端に市議会が市長と該当団体に対する返還請求権を放棄する内容の改正条例を通過させ、市民は怒るとともに「ベッタリやん」とあきれ返った（最高裁では合法とされたが、モヤモヤ感はまだ残る）。

　また、多くの市民が「伊丹か関空に行くし」といまだに否定する神戸空港の建設に際してもそうだ。住民投票条例の直接請求を求める署名運動が盛り上がり、30万を越える署名が集まったものの、住民投票条例は大差で否決。珍しく神戸市民が政治問題に対してやる気を見せた瞬間に冷や水を浴びせられた。それにしてもポーアイ＆六アイの両島にハーバーランド、地下鉄海岸線、神戸空港とどこに行っても「市の失敗」は山積み。この多くに我々の税金が突っ込まれているなんて、「ふざけんのも、たいがいにして欲しいわ」（中年男性・談）、まさにそのとおりだ。

　ただ、市政もいびつかもしれないが、これだけの大失敗を見せつけられながらも相変わらず選挙に行かない神戸市民もおかしい（前回市長選の投票率は31パーセント）。いや、きっと市民も似たようなことを感じているんだろう。ただ、「今の市政や市長は好きじゃないけど、否定するほど興味もないしな」（飲み屋にて）、「政治に熱くなりすぎるのも、なんだかなあ」（三宮駅前にて）、という神戸人特有のクールでかっこつけな気質がその行動を阻むのだ。投票に行かない消極的批判は、民主主義の論理では白紙委任に同じ。その結果がおなじみメンバーで長年運営されるこの街の政治を生み出したと言っては言い過ぎだろうか。

　現体制に対して厳しい言い方になってしまったが、それは神戸の「今」に対して、市民は不満があるからだと理解してほしい。ただ、やはり最大の問題は、ヤジは飛ばせど、選挙に行かない市民のスカした体質であることは、間違いないだろう。

不祥事のデパート!?　兵庫県警

兵庫県警ってなんか怖そうなイメージがある。暴力団事務所の家宅捜索で、どっちがそのスジの人か分からない勢いで悪態をつく姿をたまにテレビなどでも見かけるが、「さすがその道のプロ」と妙に感心してしまう。そして、そのイメージにたがわず、いろいろと実際にもやらかしてくれているのだ。ここ１～２年に限ってみても、灘署では連続爆破事件の資料一式を「全部うっかりなくす」というボーンヘッドが発生。また、みみっちいところでは市内に住んでいる警察官が実際には徒歩通勤だったにも関わらず、「三田に住んでます」とウソをつき通勤手当１３０万円を不正に受給していたなんてのも。同じく神戸在住の警察官はわざわざ加東市（遠すぎ！）まで行って大学の女子トイレでのぞきをし、車の番号を控えられて御用になっている（しかもこいつはSP＝要人警護担当。こんな奴に守られたくない）。

ほかにもさかのぼれば、スポーツウェアの万引き（試着室からそのまま来て帰るって手口そのものがしょぼすぎる）や福原を舞台にした性風俗接待＆捜査情報漏えい事件など大から小までいろんなことをやっているもんだ。

「不祥事日本一」とまで称される体たらくぶりに危機感を覚えてか、2013年４月より兵庫県警は採用時に正義感や倫理観などの資質をチェックする適性検査の開発に取り組んでいるらしい。数年後の実用化を目指すとのことだが、ほんまにそんなテストで人間性が分かるものなのだろうかと甚だナゾである（本当に開発できたら企業の人事部にも売ってもうければいいと思ったりもしてしまうんだけど……）。開発の契機となったのは、やはりと言うべきか、相次ぐ若手警察官の不祥事のようである。もちろん、正義感のある新人を採る努力をすることも将来のために大切だとは感じるものの、いまも不祥事を垂れ流している現役たちをどうにか教育してあげるほうが急務だと思ってしまうのだがいかがなもんだろうか？

あと、これも一般市民に対するイメージアップ戦略とスポーツを通した若手教育の一環なのか、実は兵庫県警は「県警桃太郎」という硬式野球チームを持っている（警察チームは日本でふたつしかないらしい。しかしネーミングのセンスはいかがなもんだろう）。若手警察官諸君は、盗撮や窃盗ではなく盗塁にでも汗を流し、社会の悪に打撃を与え、市民の暮らしをしっかりと守る名プレイヤーにでも育ってほしいもんである。

第2章

中心地だからこそ悩み多き三宮周辺

三宮界隈は、神戸市内でただ唯一の繁華街エリア。オシャレな街並みや行きかう外国人など「これぞ神戸!」な風景に目が行きがちだが、人がいないポーアイ&ハーバーなど周辺には問題もいっぱい。エロあり、ゴーストタウンありのウラ側の姿も、間違いなく神戸の真実だ。

戦後のどさくさと震災後三宮はこうしてガラが悪くなった

フレンチ名店前でデリヘルの待ち合わせ!?

観光ガイドが紹介する昼の三宮はいつだって（特に女子たちの）心を引き付ける。ただ、夜の三宮は全く別だ。北野のフレンチの前で、デリヘル嬢がニヤけたおっさんと待ち合わせをし、夜明けにはボロボロになったホストが地面に座り込んでカップラーメンをすする。週末ともなればクラブの前でやたら露出度が高い女に（本人はかっこいいと思っているのか）露骨に分かりやすくコワモテを気取った男が群れ、奇声をあげ、不毛なナンパに明け暮れる。そして、ときには謎の落書きまで残していく（ユネスコデザイン都の名を高々と掲げながら、壁やシャッターへの無意味な落書きがやたらと多い。最近は「反米」などというシュールなのが目立つ）。

ガキの台頭を許す地元紳士のふがいなさ

「三宮はガキの街になってしもた」と、神戸の紳士（といっても地元の靴関係や宝石・真珠関係の中小企業オーナー）たちはノスタルジックにツブやくが、阪神・淡路大震災や不況の影響もあって彼らが街で金を使わなくなったことにも大きな原因がある。そもそも、神戸とて一地方都市。華やかな北新地には若干敷居の高さを感じるに湯水のごとく使える金があるはずもなく、結果ガキどもの台頭を許したのだ。金がないことが理由なのにそれを街のせいにする根性が、そもそも器が小さすぎる。

かつての三宮は一大闇市だった

ただ、あくまでも外ヅラよく見せていただけで、歴史を紐解けば、三宮のガラや程度が悪いのは今に始まったことではない。すさまじかったのが終戦直後の闇市ブーム（右頁写真は当時の三宮）。現在のさん・センタープラザがあるエリア一帯に広がるジャンジャン市場には多くの人が押し寄せた。

グチャグチャで品の悪かった当時の名残を感じさせるのが、かつては三宮から神戸駅まで全部闇市だった高架下だろう。ちなみに高架下はれっきとしたJRの所有物であり、国鉄がJRになる際にはかなり悶着が巻き起こったと言われている。現在でも又貸しなどが横行し、権利関係が不透明なものも多い。一般的には三宮センター街や旧居留地のオシャレイメージが強いが、実態は微妙に都会であるがゆえに、逆に面倒くさいガラの悪い地方都市の中心でしかないのではないだろうか。

闇市時代を髣髴させる阪急三宮駅の高架下。又貸し等の問題もあり権利関係が複雑に存在する

現在の三宮へと様相を変える転機となったのは、やはり震災だった。震災そのものによる入居ビルの被害、建て替え等の問題も絡んで廃業や移転が相次ぎ、街はガラリと表情を変えることに。1990年代末～2000年代前半にかけて目立つようになったのは、いかがわしさ満点のアジアンパブやエステ。いまでも東門街周辺の路地を入れれば、「絶対そんなかわいい子おらんやん」とツッコミたくなる、アジアンビューティーを看板にあしらったエステなどの姿をいくつも確認できる（韓国アイドルグループにいそうな感じがやたら多い）。また、彼女らは店の中だけに留まらず、路上へと進出。「オニイサン、イッケンドウ?」「マッサージ3000エン?」と気だるい誘いを投げかけ、ときには露骨に売春を持ちかけてくる。

ただ、気まぐれに韓国パブあたりをのぞけば、小金持ち風のおっさんが40絡みのママとじゃれあい、懐メロだかニューミュージックだかを歌う光景に出くわすことになる。「もうあんな三宮には行かない」的なプライドは神戸人特有のポーズであり、おっさんたちも自分の財布の重さにあった楽しみ方をしているのである。決して三宮の地盤沈下を、最近やたらと目につく若者たちのせいにばかりするわけにはいかないはずだ。

そしてアジア勢に続いて登場したのが、2000年代中盤から爆発的に増えたガールズバーである。三宮の飲食店経営者が語る「大阪市は紹介所などの条例が厳しくなったこともあって、神戸に流れてきている」というウワサの真相はさておき、いままさに花盛り（レベルはいたって微妙、というか大阪の方がかわいい）。甘い言葉に誘われて、こちらに吸い込まれるのは、どちらかといえば地味でモテそうにない、クラブ系とはまた違う大学生や若手サラリーマン。完全にバイト感覚でプロ意識のかけらもない女の子たちに数千円を支払う姿の、スケールのなんと小さいことか! 夜の三宮を我が物顔でのし歩く水商売系、ガールズバーとそこに日常の小さな癒しを求める地味系、そして現在はアジアンパブでクダをまくあたりが精一杯の「自称・神戸紳士たち」。彼らがもつれ合いながら形成してきた現在の三宮は、そろそろ「ヤバい」水域に入っている。

「取締まり強化ってウソやろ」と突っ込みたくなるほど、夜の街には客引きのおネエちゃんが多い

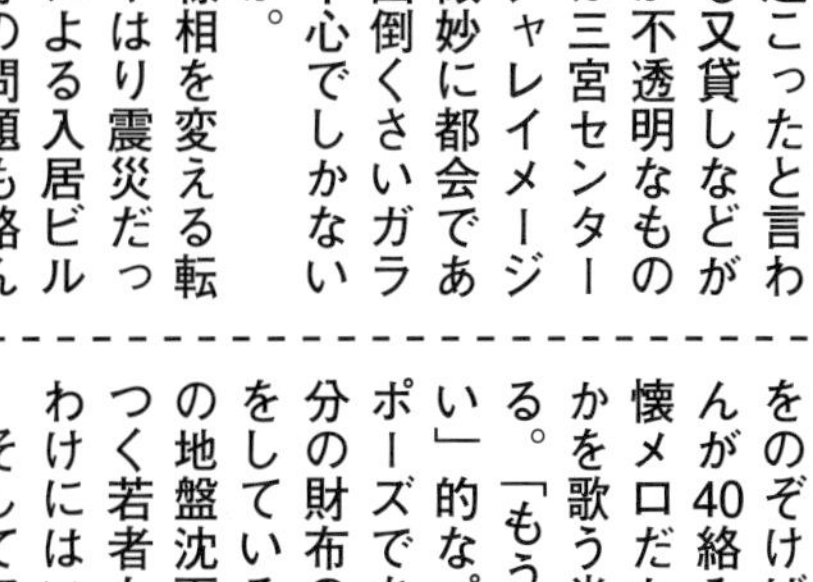

クラブカルチャーと結びついているのか？ 意味もセンスもないムダな落書きも街に増加している

神戸イメージを誇張し続ける旧居留地のドン・大丸さん

最初は今ほど高級感はなかった

　神戸市民にとって、大丸神戸店は一小売業の枠を越えた「ソウルデパート」とも呼ぶべき存在だ。「でも、梅田に行ったら阪急や阪神を見たいし、わざわざ大丸には行かないなぁ」（30代主婦）と、別に「大丸」というブランドが好きなわけではない。「神戸らしさを感じさせてくれる」大丸〝神戸店〟が好きなのだ。

　1階にあるオープンカフェ「カフェラ」なんてオシャレ・神戸の象徴みたいなもんだろう。美しいラテアートが描かれたカプチーノを口に含み、石造りの壁に目をやれば、誰しもが手軽に異国情緒を味わえる。「まるで外国に来たみたい」とデジカメを構える観光客をよそに、神戸人はこのデパートを日常使いできる優越感に浸る。

　ただ、大丸はもともと旧居留地にあったわけではない。1913年に元町四丁目で誕生し、1927年に現在地へと移転を果たした。「昔は元町六丁目に三越百貨店もあったし、両端に百貨店がある元町商店街は人通りが多かったよ」と当時を知る年配者は振り返る。三越と並ぶ、長年のライバルが1933年に創業したそごう神戸店だ。戦後になって、神戸の中心がだんだんと東へ移るとともに、そごうは売り上げを伸ばしていった。1984年には売り上げ不振から三越が撤退し、大丸とそごうの一騎打ちに。ブランドに大きな差があるわけでもない（良くも悪くも普通の品揃え）となれば、「三宮駅徒歩1分」の地の利が勝るのが当たり前。大丸はそごうの後塵を

拝する時代が長く続いたのだ。

旧居留地の再開発を転機に大ヒット!!

そんな中、1980年代からの旧居留地の再開発は起死回生の大ヒットとなる。それまでの旧居留地はオフィス街だったが、企業が賃料の安いポートアイランドや六甲アイランドへ移転。空きテナントが増えたことで、大きな転換を迫られていた。ここで、大丸はもはや不動産ブローカーとも呼べる中心的な役割を果たす。空きテナントを探しては、主に海外有名ブランドの路面店を誘致。賃料よりも、街全体のイメージが劇的にオシャレになったことが、大丸本体にも大きなメリットをもたらした。

大丸のすぐそばには、「十五番館」という西洋館もあるが、人々がことごとく素通りするのが悲しい

極めつけは、震災からの復活だ。震災で店舗は大きな被害を被ったが、縮小した売り場で営業を続けつつ200億円もの資金を投じて、震災前と変わらぬ威容で再建。1997年3月に、全面リニューアルを果たした。「あれで完全に神戸の顔は決まったなあ。旧居留地のドンにふさわしい風格が大丸の強さや」（三宮の商店主）。神戸人は、昔と変わらぬその姿に、震災前の古き良き神戸を想い、大丸を自分たちのアイデンティティと同化した。売上高でそごうを逆転したのも同年。その後はそごうグループの経営不振もあり、完全に抜きんでた存在となっている。

ただ、旧居留地はさておき、今でも本館に入っているブランドそのものは、たいしたことないままだが……。「お客さんは、みんなあの建物に入ってオシャレな神戸らしい雰囲気を感じたらそれで十分満足なんや。あれはデパート風の観光地やで」（同右）という言葉がやたらしっくりときてしまう。

「大丸帝国」は観光面でも神戸に欠かせない要素となっているわけだが、「神戸ルミナリエ」との食い合わせは非常によろしくない（大丸だけじゃなくて近隣の商店は嫌がっているところが多い）。というのも、毎年12月前半の開催期間中は「観光客ばっかりやから三宮行くのやめとこか」と神戸人たちの姿が街から消え失せるからだ。さらに大丸の場合は「会場に最も近いトイレ」として長らく観光客たちに利用されてきた。特にクリスマスまで開催していたころはトイレ待ちの列が売り場にまであふれ、「大丸の水道代がヤバいらしい」という都市伝説が神戸の街を飛び交った。近年は日程やコースの短縮がはかられ、多少はマシになったが、神戸オシャレ番長の大丸としては、公衆便所扱いが許せないのも当たり前だろう。旧居留地は大丸の庭。勝手なマネをするのは許されないのだ!

元町の南北のメインストリートである「鯉川筋」沿いに建つ大丸は、まさに威風堂々たる佇まい

歴史ある三宮神社
もう少しメジャーになってもいいんじゃない!?

大丸と通りを挟んで向い合う神社がある。生田神社に所縁のある神社のうち３番目、ということでこの名が付いた。「元町なのに三宮」とややこしいが、そもそもこの神社の存在自体が、地元民にさえほとんど認知されていない。かつての岡山藩と外国人水兵とがささいなことから衝突した「神戸事件」のゆかりの地として、当時使用されていた大砲が脇に転がるようにして展示されているのも、なんだか哀愁を誘う。

南京町を見るだけでは伝わらない 神戸華僑の歴史と底力

かつての危険地帯は いまや一大観光地

赤がやたらと目につく街並みに威勢の良い店員たちの声、そして店先から漂うのはなんとも食欲をそそる中華料理の匂い。

今や神戸を代表する観光地となった南京町。日本でも横浜に次いで第2位の規模を誇る中華街だ。神戸市全体の観光入込客数（観光地点）の統計をみると、2011年は1849万人と前年1968万人に比べて若干減少気味。そういった意味では南京町もちょっぴり心配であったが、逆に宿泊客は12万人ほど増加している。これは近年全国的に見られるの「中国人観光客の増加」が影響しているだろう。そんな中、ちょっと奇異な現象が。なんと中国人ツアー一団

神戸市トピックス
神戸市民なら必読 モトコー物語

神戸に育った者なら（特に男性ね）、誰しもが10代～20代に心躍らせつつ高架下を歩いた経験があるはずだ。セレクトショップやオシャレなカフェなどが並ぶ三宮高架下は初心者向け。やはりツウにとっては元町高架下〝モトコー〟こそコクのある通りであった。特に活気があったのは古着ブームが巻き起こった1990年代中盤～2000年代初頭あたりだろうか。元町駅から歩くと、最初はかっこいい古着屋も多いものの、西へ向かうにつれてどんどんクオリティが低下。「もはや体操服」みたいな古着のジャージが200円で売られてたりする。そして元町二～三丁目からはさらにカオス度がアップ。週刊文春が並ぶその横に堂々と大人のオモチャがディスプレイされていたり、「ウラビデオあります」と真っ直ぐな貼り紙に心奪

が中華街を観光するというのだ(見て楽しいんだろうか)。まあ、これはある意味、南京町が商売上手とも言い換えられるか……。

さて、ここからはそんな商売上手な神戸に住む華僑の話をしよう。そもそも神戸と華僑の歴史は非常に古い。神戸港開港当時、日本と清国は条約が結ばれていなかったため、清国人は居留地に住むことが許されなかった。そこでやむをえず、その隣に集まって暮らしたのが現在の南京町の原型と伝えられている。1889年には華僑子弟教育のための神戸中華同文学校も開校。しかし戦後の一時期、多国籍なケンカや売春が横行する「危険地帯」の烙印を押されかけ、こりゃいかんと日本社会をよく知る2世・3世が中心となってまちおこしに努めた結果、現在の華やかな街が形成されたのだ。しかし、神戸に住まう華僑たちを「豚まんを売ってるおっちゃん&おばちゃん」と認識してしまうのは、あまりにも理解が浅すぎる。いま、市内に1万人以上いるとされる華僑たちは、地元の日本人と連携しつつ、神戸文化の形成や経済活動に欠かせない存在となっている。小売業のほか、貿易、金融、不動産など彼らの活躍の分野は非常に多い。市内中心部などではビルに入居しようと思ったらオーナーさんが華僑の人だったなんてこともザラだ。また、歴史の教科書に登場する孫文は祖国を追われて神戸に潜伏していた時代もあったが、その時代に援助を惜しまなかった呉錦堂は明治～大正期の貿易商。彼は神戸の西の果てである神出町の開拓に尽力しており、当時から華僑はまちづくりにまで関わる重要な存在であった。

外交問題が遂に神戸にも影響を

南京町のホームページを見てみると、「昔から日本人と中国人が友好的に～」といった記述があるが、確かに神戸に限ればこれは事実だと感じる(むしろ外国と仲良くすることこそ神戸のアイデンティティか)。震災のときには無料の炊き出しを実施したり、南京町が元町商店街と連携して復興に向けた「神戸五月まつり」を開催するなど、神戸人にとって華僑たちは身近な隣人だったのだ。その証拠に、日中間に外交的な摩擦があり、2000年代に他の中華街などで反中デモが起こる中でも基本的に神戸で大きな問題が起きることはなかった。しかし、2012年9月に神戸中華同文学校が放火される事件が起こり、神戸人、華僑の双方が胸を痛めることになった。

この事件が影響しているわけではないが、日本人との関わりだけでなく、華僑たち自身も転換期を迎えていることは確かなようだ。ひとつは、長年日本に根付いてきた者たちと近年進出を開始したニューカマー間の価値観の相違。さらには中国本土との関わり合いだろう。象徴的な例となったのは、2007年に日本で初開催された第9回華商大会。世界中から有力な中国系経済人が集う会であり、もともとは市が地元華僑とともに誘致を進めていた。しかし、結果的には上海出身の中国人が実権を握り、地元関係者の多くは排除されることに。当時市内では「なんで中国人の大会をわざわざ神戸で?」といった声も多く聞かれた。これは神戸に限ったことではないだろうが、今後中国から日本への人口の流入はさらに加速することになるだろう。ニューカマーの増加が、神戸人と華僑が長い年月をかけて培ってきた固い絆にヒビを入れることにならないよう、祈るばかりである。

われたり。勇気をもって足を踏み入れたところ「兄ちゃんいくつや～」と半笑いの太ったおっさんに絡まれ逃げ出した苦い記憶がよみがえる。五丁目以西はもはや業種すら不明。山のように積まれたビデオデッキや、やたら本格派のミリタリーグッズなどなど。「NO GUARANTEE」とムダに誇らしげに書かれたテレビを買って、東南アジア系の人がニコニコ嬉しそうにしていたりもした。

ただ、そんな愛すべきモトコーも近年は空きテナントが相当目立つ(特に西側一帯)。歩くだけでドキドキできたあの猥雑感をぜひ復活させてもらいたいものである!

さすが「昔は闇市」なアングラ感が魅力の高架下。西へ行くほどディープに

先端医療都市とゴーストタウンが同居するポーアイの悩み

人がいない街の岸壁で夜な夜なドリフト大会

ポートアイランド（略称：ポーアイ）の埋め立てがスタートしたのは１９６６年。最新のコンテナふ頭を備えた人工島を設けることで当時急増していた神戸港のコンテナ取扱に対応することが、政策の第一義。そして、あまり知られていないことだが、土砂災害に備える意味合いもあった。平野部が少なく、山が急に海に落ち込むような地形の神戸では、有史以来多くの水害や土砂災害が記録されており、埋め立て用の土砂を六甲山系から運び出すことで、その解決をはかるという戦略だったのだ。

開発開始から15年が経過し、１９８１年３月に開催された「ポートピア'81（神戸ポートアイランド博覧会）」でポーアイは街開きを迎える。ゴダイゴがキャンペーンソング「ポートピア」を歌った。ポートピアは大変な盛況であった。新しい島へと人々を運ぶのは、無人で運行する電車。「小学生のころにポートピアに行きました。自動で動くポートライナーが珍しくて、運転席をずっと覗き込んでいました」（30代男性）と、そこには確かに輝かしい未来があった。半年ほどの会期で島には１６００万人以上が訪れ、大成功の船出となった。しかし、ポーアイの最盛期は誕生した瞬間だったのかもしれない。現在では、中央区にありながらも住所を名乗れば「あ〜ポーアイね」と言われてしまう悲しい立ち位置。住民たちは、自らを「島民です」と自虐的に語る（六甲アイランドとこの症状は一緒）。最先端の街が、わずか30年でここ

まで落ちぶれるとは……。

ポーアイの評価が急落したのはやはり阪神・淡路大震災だ。「液状化現象」という耳慣れない言葉を耳にして、「地面が水になるんか！」と神戸市民は驚くと同時に、「もともと海の上やしな」と変に納得。天災によって「不良品」の烙印が押された街に人が住みたいわけもなく、島外脱出者が続出し、ゴーストタウンへの道をまっしぐらに突き進むこととなった。「バブルのころにマンション買って、賃貸しながら老後はそこに住もうと考えてたんや。でも借り手もないし、いまさらスーパーもないあんな不便なところに住まれへんし」（垂水区在住60代男性）という悲惨な声も聞こえてくる。

「無機質」「無駄にだだっぴろい」というニュータウンならではの特徴も、寂れたイメージに拍車をかける。２０１２年11月には「男性が腹部を銃で撃たれた状態で車ごと海に転落して死亡」というギャング映画顔負けの事件が報じられるなど、ロクなニュースがない。

また、「あんだけスピード出してめちゃくちゃな運転してたら、そのうち死人出るで」と地元住民が怒るのは、若者によるドリフト大会。道幅が広いこともあってか、ポーアイはドリフトのメッカとなっているのだ。実際に目と鼻の先の対岸・新港町にある第二突堤では２０１２年９月にドリフトに失敗した車が転落し、４人中３人が水死する笑えない事件も起きている（しかも被害者の尿から大麻成分まで検出ってもうどこの無法地帯の話なんだろうか）。

ポートアイランドの主な施設

研究機関	理化学研究所(京コンピュータ)
	先端医療センター
	神戸バイオメディカル創造センター
ホール・ホテル	神戸国際会議場・神戸国際展示場
	ワールド記念ホール
	神戸ポートピアホテル
観光・ショッピング	神戸花鳥園
	IKEA神戸
企業	（株）ワールド
	UCC上島珈琲（株）
	（株）アシックス
	（株）ノエビア
大学	神戸学院大学
	神戸夙川学院大学
	神戸女子大学
	兵庫医療大学

※「神戸ポートアイランドまるわかりサイト」など複数資料より作成

西側の海に面して大学がいくつも建つ。ベイサイドの学びは神戸らしさ満点？（でもポーアイ）

知を集めた人工島としてポーアイが再び輝く日は？

土地が余りまくっているのはよくないと、神戸市もテコ入れに着手。大特価で土地を売って大学を誘致するかたわら、先端医療の研究施設やその関連企業を誘致することで「先端医療と学問の街」という新たなキャラクターをポーアイに与えようとしている。この先端医療センターには病院も併設されており、近くの神戸市中央市民病院との相乗効果で、医療の街の印象を形成したいところなのだが、「先端医療とか書いてあるし、普通の病気では診てもらえないんだと思ってた」（60代女性）と認知度からしてからっきしなのだ。

起爆剤として期待されたスパコン「京」で、耳目を集めるような研究や発見があるわけでもない。すぐに結果が出るものではないと分かっていても、ポーアイの凋落を一刻も早く止めてあげてほしいのだ。これが失敗に終わったら、もう巨大な釣り堀かレース場にでもするしかないんじゃない？

シャッターが下りたままの商店がやたらと目立つ。そりゃ人がおらんのやから仕方ないよなあ

再々開発に着手しても……うまくいかなハーバーランド

一瞬だけ輝いて暗黒の20年間

神戸ハーバーランドは、「神戸港」の一部を再利用すべく開発が進められた街だ。具体的な場所は、1982年11月に貨物駅としての役割を終えた旧国鉄湊川貨物駅と川崎重工業の工場跡地など約23ヘクタール。いまや言葉そのものがバブルの遺産となっている「民活」スタイルでの開発が進められ、神戸市が土地を購入した上で、各民間企業が多くの資本を投下した。

街開きはバブル崩壊後の1992年。その歴史は、百貨店などの商業施設やホテルが閃光のごとく一瞬だけきらめき次々と衰退、そして再開発という刹那的すぎるループに終始している。公式ホームページによると、「神戸の楽しみが光りきらめく街」がキャッチフレーズの神戸ハーバーランド。しかし、光りきらめき方があまりに一瞬すぎやしませんか？

年表を見れば分かるように、ハーバーランドは、事業主の変更に伴って建物や施設の名前も変わりまくっている。もはや神戸人でもなにがなんやら分からない。「モザイクは分かるけど、ほかの建物の名前はとても覚えられない」（30代主婦・談）と言われても仕方がない。挙句、ハーバーランドの商店主は「いま一番儲かってるのはスーパー銭湯ちゃうか」と自虐的にコメント。確かに、誰がどこからなに目的で来ているのかの5W1Hが判然としないものの、プロメナ神戸内にあるスーパー銭湯にはそこそこ人出がある（シニアが中心だけど）。しかし、これがトップと言われるようではあまりに寂しすぎるやろ！

　神戸人は、ハーバーランドの不振を問われると、「2号線を渡るのがイヤ」とよく口にする。確かに三宮方面から歩いても目に付くサインは少ないし、夜間には街灯が少なく暗いしで不親切なことこのうえない。観光客がベイサイドの夜景を楽しんでも、こんな味気ない帰り道ではどうせえってゆーねんな。アクセスの向上をはかるべく登場した「地下鉄海岸線」も、連日閑古鳥が鳴いている（乗客が多いのはノエビアスタジアムでサッカーがある日だけ）。

　とにかく、不況や震災など多くのことがあった神戸の中でも、もっとも悲惨な20年を過ごしてきたのがハーバーランドかもしれない。さして広くもない街で、閉鎖、撤退、移転などのネガティブワードが続出しており、サドンデスともいうべきそのサイクルの速さにただ驚くばかりだ。もはや商業地として見限られたのか近年では大規模マンションの開発も目立ち（三宮に近いし住まいとしてはいいかも）、「訪れる街」から「住む街」へ変貌を遂げつつある。しかし、この街に救世主が現れそうである（それ自体何度目やねんって感じやけど）。

　しかもペアで。まずは国内きっての小売業として知られるイオンモール、その相方となるのは正義の味方、アンパンマンだ。南北ふたつのモールにモザイクで構成される新施設「神戸ハーバーランドｕｍｉｅ」は２０１３年４月にオープン。市内の家庭にも立派な折り込みチラシが配られており、イオンの気合のほどがうかがえる。

　そしてモザイクの横に誕生した「神戸アンパンマンこどもミュージアム＆モール」は、西日本初となるエンタメ施設で、ファミリー客の増加を狙うハーバーランドにとって起死回生の一打となる可能性を秘めている。（公式サイトのアクセスを見ると、いつの間にか「神戸ガス燈通り」が「アンパンマンストリート」になっている。オシャレからファミリー向けへと一気に舵を切ってるなあ）。

　ただ、周囲の話を聞くと「ｕｍｉｅって言っても、モザイクに入ってる店は前と同じやん」「完全にお子様向けの街になるな」と冷ややかな目線が多い。本当にかっこつけの神戸人の悪いところで、お前らオトナとかコドモの議論の前にハーバー行ってなかったやん、と声を大にして言ってやりたい。

　神戸人は一瞬だけ煌めいたハーバーランドの幻想を20年近く抱いている。しかし、何もしなければ街から人が減ることは避けられない。ここはアンパンマンに不人気を吹き飛ばすヒーローになってもらうしかないだろう。

ハーバーランド開発年表

年代	出来事
1982年11月	国鉄湊川貨物駅の機能停止
1984年2月	跡地の神戸市への譲渡が決定
1990年9月	レンガ倉庫レストランオープン
1991年2月	フェリーターミナルオープン
1992年8月	神戸ハーバーランド街開き記念式典
1992年9月	ハーバーランドセンタービル・ ニューオータニ神戸ハーバーランド・ 神戸西武百貨店オープン
1992年10月	オーガスタプラザ・阪急百貨店・モザイクオープン
1994年12月	西武百貨店閉店
2001年7月	地下鉄海岸線開通
2003年5月	オーガスタプラザ閉鎖
2003年7月	神戸ハーバーサーカス閉店
2004年12月	神戸ハーバーサーカスを改装しビーズキス開業
2005年11月	ダイエー閉店
2007年11月	神戸スイーツハーバー閉店
2009年12月	ニューオータニ神戸ハーバーランド撤退
2010年7月	プロメナ神戸内に万葉倶楽部オープン
2012年3月	神戸阪急閉店
2013年4月	神戸ハーバーランドumie・ 神戸アンパンマンこどもミュージアム＆モールオープン

※「神戸ハーバーランド」公式ホームページなどより抜粋

ハーバーランド周辺に建つ高層マンション。今や島はここに住む人たちのものになっている

平日はガラガラの状態が続いていたモザイク。umieとの統合で過去の栄光を取り戻すのか

インドに中国、台湾 北野は街全部が異人館!?

気づけばビルオーナーは みんな印僑や華僑!?

神戸北野といえば、観光ガイドでも異人館の街として有名だが、実は今もここは本当の意味で〝異邦人の土地〟なのである。北野の貸ビルにオフィスを構えるある経営者は、「最初に入ったビルのオーナーは在日3代目のインド人。つい先日も、新しいリノベーション・オフィスができたんでそこに引っ越したら、そこもまたオーナーがインド人！ 入居契約書もカタカナの印鑑が押してあったで（笑）。あ、ちなみに以前、倉庫がわりに借りていたマンションは華僑の人がオーナーやったけど……」と語る。実際、北野界隈のマンションや貸ビルの多くは、インド人、華僑（中国系・台湾系含む）などが所有している割合が非常に高いのだ。

北野にインド、中国系の人々が多いのは、明治期から真珠産業が盛んだったことが理由である。印僑、華僑には真珠や宝石を扱う貿易商人が多く、明治時代の頃からそうした人々が真珠産業の本拠地である北野に多く居住するようになっていた。「全部の指にはめてるんちゃうんかって感じるくらいギラギラにでっかい宝石を身に着けたインド人の社長と商談した」（真珠メーカーに勤務する男性・談）など、今でも多くが真珠・宝石関係に従事している。

街中にインド料理店や 社交クラブまでが！

神戸は基本的に職住接近型の街だから、当然ここは印僑や華僑の

人々の生活の場でもある。通称「パールストリート」と呼ばれる東西の通りには、普段使いのインド料理店や中国料理店が立ち並ぶ。またモスクがある関係でイスラム教徒向けのハラルフードを専門的に扱うスーパーもあり、「なかなかほかのスーパーでは手に入らない調味料なんかも売っているからよく行ってるのよ」（中央区在住の主婦・談）と地元の日本人も足しげく通う。

南北のメインストリートである「北野坂」には「インドクラブ」という印僑によって運営されている社交場まである。ちなみにこの「インドクラブ」、以前はどちらかと言えば古びた建物だったのだが、本国インドがＩＴバブルで活況を呈し始めた近年になって、洗練されたスマートな２階建てのビルに建て替わった。

北の観光のメインストリートである異人館通りにもインド料理店が林立。激戦区となっている

また、山裾を東西に走る「北野通り」には、小さいながらもジャイナ教、シーク教の寺院があり、白い礼拝装束の老人が参拝する姿を日常的に目にすることができる。ご近所での数人の立ち話で国籍が全部違うなんてこともこの街ではザラである（井戸端会議が多国籍というのは日本でも神戸くらいのものだろう）。

神戸弁をしゃべる インド系日本人の存在

華僑やコリアンは他の街でもよく見られるが、「インド系日本人」が多いことは神戸ならではかもしれない。実際、印僑の多くは３～４代前から神戸に在住している家族が多く、２代目以降はほぼ神戸生まれ・神戸育ち。ごくフツーに「まいど！　元気にしとう？」とネイティブな神戸弁をしゃべる。北野育ちでレストランチェーン店を営む印僑の男性は、「いつも空港の入国審査の時に僕が赤いパスポートなんでフシギな顔されんねん」と笑う。さらに驚くことに、神戸市でビジネスを営む若手経営者の集まりである神戸ＪＣ（青年会議所）では、近年、２人のインド系日本人の会長が誕生している。インド社会は華僑社会と同様、神戸の日常に深く根ざしているのだ。

「もう異人館ブームから30年経つし、観光地としての北野は年々地位が低下しているよね」（中央区40代女性・談）と北野の現状を嘆く声もあるが、そりゃ人が住んでいない昔のお屋敷に行ってもねえ。それより、この街を庭に暮らす異邦人たちを前面に押し出して「現在進行形」のエキゾチックさを訴えてみる戦略が、活性化につながるのではないだろうか。（中国＆インドあたりは景気もよさそうだし、本国からも支援してもらえそうだしね……）。

最近ではちらほら空きテナントが目立つように。カレーと中華の店を山ほど誘致したらいいのに

モスクとシナゴーグとダルビッシュ記念館も！

北野には他にもユダヤ系やアラブ系など多彩なルーツを持つ人々が暮らす。パールストリートのモスクは、毎週金曜日になると関西中からムスリムの人々が礼拝に訪れる。また、北野通りにはユダヤ教の寺院・シナゴーグが。ちなみに2013年秋には北野坂に「ダルビッシュ記念館」（ダルビッシュ有は大阪府羽曳野市出身だが?）が誕生予定。イラン出身のお父さんが経営するペルシャ絨毯のお店が併設されるのだとか!?

かつての中心地・新開地に住まうおっちゃんたちの解体新書

一大歓楽街はいまやボートピアの門前町

大阪の新世界しかり、神戸の新開地しかり。なぜか「新」という単語はまるでタチの悪い皮肉のようにレトロ感を醸し出す。これでも以前よりはかなりマシになってはいるものの、やはりボートピアが幅を利かせるこの街は、おいそれと女子供が近づける場所ではなく「おっちゃんの聖地」となっている。近年では地元のNPO団体が「レトロなB面の神戸」として外部からのツアーを募るなどの取り組みも行い好評を博しているが、趣ある街並みもさることながら「サファリパーク」的におっちゃんの生態を観察できることも人気の秘密ではないのか。

ここでざくっと明治末期に誕生した新開地の歴史を振り返ってみたい。読んで字のごとく、当時、盛り場として新たに開けた一帯には、芝居小屋や映画館、商店や飲食店がびっしりと立ち並び、隣には神戸が誇るエロタウン福原も控えるとあって、東の浅草と並んで称される一大歓楽街に発展した。1913年に完成した大劇場「聚楽館」、高さ90メートルの「神戸タワー」（こんなんあったんや）に加え、周辺は遊園地やストリップ劇場まであった。

しかし、今の新開地に往時の面影は全くない。「やっぱり市役所がなくなったんが痛かったんやろなあ」とは古くから街を知る地元住民の言葉。人の流れが東にシフトするにつれ、街には空き店舗が増え、治安が悪化していった。特に1970〜80年代の終わりにかけてはひどく、おっちゃんが道路

で寝る、飲むの独壇場。一般客は敬遠し、完全におっちゃんらが支配する街となったのであった。

アートはいらん！ボートをくれ！

過去の栄華に胡坐をかいていた商店街も、90年代になってようやく腰を上げたが、文化と芸術を取り入れる「アートビレッジ構想」なる、およそ相入れない方向へ（行政って困ったらすぐアートに頼りたがるのはなんでやろ）。「何で新開地に芸術やねん」という反応は、当のおっちゃんたちはもちろんのこと、周囲からも激しくツッコまれた。予想通り、40億円以上を投じたアートセンターは、もはや存在すら希薄である。一方で、おっちゃんたちから万歳三唱とともに迎えられた（想像だけど、きっとそうだろう）のが場外舟券売場「ボートピア」の進出であった。「ボートか、アートか」で街は真っ二つに分裂した末、やはりというかボートが圧勝。結局は目抜き通りに堂々たる6階建てが出現し、〝娯楽の街〟の新たなシンボルとなっている。

かつては「ひとりで歩いてはいけない」とまで言われ、治安の悪さで有名だった新開地界隈

今でこそ、街の改修が進んで見た目こそこぎれい（多少はマシ）になったが、ちょっと前までは公園はブルーシートの〝住宅街〟、青空将棋に興じるのどかな風景も新開地の風物詩のひとつだった。もちろん都市環境の面からすれば歓迎すべき事態だとは思うものの、新開地を支えてきたおっちゃんらを排除する方向性は、一方で街の個性をさらに薄くするばかりだという指摘もある。ワンカップ大関やパック入り鬼ころし、さらにはスポーツ新聞を片手に持ったおっちゃんが、惰性のように赤鉛筆を握りしめる姿こそ、よくも悪くも新開地ならではなのだ。

おっちゃんらのクールすぎるファッションセンスも、新開地めぐりの際には注目したい

とはいえ、今もボートピアでの客を当て込んで、飲み屋も昼オープンは当たり前。昼下がりには調子っぱずれのカラオケの声が、そこら中から漏れてくる。もはや絶滅危惧種であろう「レコード屋」も健在だ。CDの売上が落ち込む中、今や懐かしのカセットテープもアナログ全開のおっちゃんだらけの新開地ではまだまだ現役続行中。チャート上位はもちろん演歌だ。路地を入れば味のあるおでん屋や寿司屋、老舗の洋食屋なんかの暖簾が往時を偲ばせるが、商店街らしく賑やかな店はパチンコ屋ばかり。うまい飯や酒があり、ギャンブル環境も抜群、隣にはエロの殿堂が控えるとあっては、おっちゃんらはこれ以上何を望めばいいのか。かつての華やかさこそないかもしれないが、おっちゃんにとって、新開地は最高に居心地のいいユートピアなのだ。

神戸は映画発祥の地 あのチャップリンも訪れた!!

映画発祥の地ともいわれる神戸。明治から大正にかけて映画館は新開地に多く作られ、映画のメッカとして大いににぎわった。新開地の芸者置屋の倅だった映画評論家・淀川長治氏は、芝居小屋を遊び場にしつつ、毎週のように映画を観て育ったという。1936年には、喜劇王チャップリンも訪れている。かつて劇場が軒を連ねた本通りには、通好みの2番館や大衆演劇の小屋が残り、辛うじて劇場街の面影を残している。

清盛の夢が男の夢に変身
風俗街・福原の人気の秘密

あのエロタウンに都なんて信じない

このトピックは、完全に男目線で語らせてもらおう。福原という街が「なんか分からんけどエロい」と我々が気づくのは、だいたい中学生くらいだろうか。ソープ、ヘルス、ピンサロあたりの区別はまだつかなくとも、高校生にもなれば、福原がどういう場所かがはっきりと分かってくる。ただ、高校生にとっては「エロ恐ろしい」場所であり、足を踏み入れる勇気はまずなかったはずだ。そんな悶々とする学生たちの頭を混乱させるのが、歴史の教科書に登場する平清盛の存在である。

どうも、この清盛がかつて福原に都を置いたようなのだ。もし自分が別の県に住んでいたら、「福原」なんてものはありきたりな地名のひとつであり、「あ〜そこに都を置こうとしたのね」と頭に入ってきそうだが、「都」の華やかなイメージと現在の街の姿は2億光年くらい離れているため、頭にいくつもの「?」が巡ることになったり、「同じ地名の別の場所」と勝手な勘違いをすることになる。

しかし、いまさら言っても仕方のないことではあるが、ここまで劇的に変わった「元・都」もないのではないだろうか。２０１２年に記録的な低視聴率で話題をさらった大河ドラマ「平清盛」でも描かれていたように、清盛は平安時代末期の１１８０年（治承4年）に安徳天皇を擁して、福原京への遷都を挙行。これは宋との貿易の利便性を考えたものであり、港の整備の際には経ケ島という人工島まで作っていたそうな（ある意味

神戸のまちづくりの方向性はこのあたりから変わっていない）。結局、平家の没落とともに福原京も焼き払われ、今では見る影もない。大河の放映にあたっては、神戸市も「ＫＯＢＥ　ｄｅ　清盛２０１２」と銘打った観光キャンペーンを実施したものの、さすがに今の福原を巡るわけにもいかんしなあ。

福原が歓楽街化したのは明治時代。開港に伴って「外国人慰安所」（なんかイヤな響き）を作る必要性が生まれ、その際に現在の神戸駅あたりに遊郭が誕生。その後、鉄道建設等に伴って遊郭が現在地に移転し、以後一大歓楽街として栄えることとなった。明治時代に地元民に「神戸の名所」を挙げるよう尋ねたところ、福原がぶっちぎりでトップだったという逸話も残る（男が考えることは原始時代から変わらない）。ラッキーなことにすぐ隣には当時の繁華街・新開地も控え、まさに快楽の園として年月を重ねた福原は、戦後にはいわゆる赤線地帯となり、やがてソープ街へと姿を変えた。

熱狂的福原好きの知人に言わせると、福原は女の子が若いことが特徴。数ある風俗業の中でもハードルが最も高そうなソープだけにベテラン揃いのソープ街も多い中で、福原では20代前半はもとより、探せば19歳の泡姫なんかもごろごろ見つかる（悶々としてる男子高校生と年齢変わらんやん）。とにかく「若い子を抱ける」ということで全国からもファンを集めているようだ。そして、リーズナブルな店から平気で10万オーバーするような超高級店まで幅広くそろっているところも遊びやすいと評判。特に早朝などはアンダー１万円で本番が楽しめる店もあり、神戸の殿方たちの心強い味方となっている（ちなみに知人は早朝目当てで、須磨から兵庫駅前へ転居した）。子どものころには恐ろしさすら感じたあの薄汚れたゲートも、いったんくぐってみればいつの世も変わらぬ男たちのパラダイスなのだ。

その知人に言わせると、やはり10年前に比べていわゆる「大衆店」（リーズナブルに楽しめるお店）にお客が流れる傾向は顕著で、店の数も少しずつ減少しているという。とは言いつつも、福原は昼でも夜でも人通りが絶えることはない。しかし、そんな街が未曾有の危機に瀕したのは１９８７年のこと。神戸市内でエイズを発症し、死亡した女性が風俗関係で働いていたという情報が出回ったことから「神戸エイズパニック」とも称される大騒動が起き、福原も風評被害に苦しんだという（それでもヤりにくるのが男の悲しいところだったりする）。また、印象的なエピソードとして震災時に「ソープの風呂を開放して、被災者の入浴を行った」というものもある（もはや「浴場」であることすら忘れてしまいそうだが）。

いいか悪いかといった堅苦しい二元論はさておき、「福原」という街がいつの世も男の心を震わせ、ニヤけさせる力を持っていることは間違いない。清盛が夢を描いた土地では、今夜も多くの男たちの夢やロマンが煌めいているのだ。

福原の風俗エリアMAP

福原料金相場表

大衆店	
40分	10,000～15,000円
60分	12,000～22,000円
90分	23,000～35,000円
高級店	
120分	60,000円～

※神戸SB協会ホームページならびに各店ホームページより作成

中央区に高層マンション乱立で地元民の冷ややかな視線

神戸の中心部にタワーマンションが続々と

人は財産なり権力を手にすると、高いところから下界を見渡したくなるものだろうか。しかし、「短期間に立ちすぎやろ」と思わずツッコみたくなるほどの勢いで市内、特に中心部ではタワーマンションが一大ブームとなっている。「環境を守れ」「日照権を守れ」「美しい景観を守れ」みたいな地元住民の垂れ幕が徒労とも言える意思表示をしているものの、資本の論理の前では抑止力は皆無。気が付くと中央区だけでも30階を越える建物がすでにかなり登場している。「布引ロープウェー」や「ビーナスブリッジ」あたりから街を眺めてみると、あちこちにニョキニョキとタワーマンションが出現し、10年前とは大きく異なる都市景観に気づかされるはずだ。

もともと海と山の距離が近く、住める土地が少ない神戸なので、「上に伸ばす」という発想自体はある意味正しいのかもしれないが、三宮界隈の狭いエリアにこんなにタワーマンションを建ててホンマに需要はあるのだろうか？

地上から離れるほどに価格もどんどん上昇！

タワーマンションの建築ラッシュはこれまであまり「住まい」としてのイメージがなかったエリア（磯上、トアロード、新神戸、海岸通）などが中心となっている。同じ中央区といっても立地によって価格帯の幅は広い。例えば、2013年1月に工事を終えたJR三ノ宮駅すぐ近くの「シティタ

ワー神戸三宮」は駅徒歩４分の好立地もあって２ＬＤＫでも３３６０万円～とそれなりのお値段。一方で同じく1月に工事を終えた海岸通の「神戸ハーバータワー」だと２ＬＤＫで２６００万円台～、３ＬＤＫでも２９００万円台～と同じ中央区内、距離にしてわずか２キロほどの違いでも差は大きい。そして「駅からの近さ×地上からの遠さ」で価格は決定され、同じマンション内でも高層階になると値段は急激に跳ね上がる。市内のタワーマンションの価格をざっと見たところ、総じて20階以上ともなれば３ＬＤＫで４０００万～と値が張るのが主流のようだ（最上階には億近い物件も）。

基本的に、タワーマンションの居住者は、資産運用ではなく実際の自らの住まいとして購入を決断することが多いようだ。「もともと実家は北区だったけど、子どもたちが独立してふたりだけの暮らしになったから、便利のいい都心に引っ越してきた」（60代男性・談）のように、老後を考えての転居も多い。シニア世代のほかに、主な購入層となっているのは30代～40代のＤＩＮＫＳ（※１）たち。実際に区内タワーマンションの15階に暮らす40代夫婦は、「いろいろなタワーマンションを巡って、階数と間取りを丹念に比較しながら、割安感のある中層階を狙いました。山側と海側で大きく値段が違う物件も多いんですが、別に景色なんてしばらく眺めてたら飽きるしね。うちは迷わず安い山側を選びましたよ」と物件選びまでの流れを話す。「海＞山」の神戸の暗黙の了解は、タワーマンションの世界にもすっかり浸透しているようだ。

しかし、万全を期したはずの彼らにもショックな出来事が。「同じような地域にタワーマンションが急激に増えて飽和状態にあるせいか、我が家と同じ間取りが新古物件で出ていたんです。価格にして５００万円以上は違ったし、もうちょっと待っても良かったかなあ」（40代夫婦）。確かに、ここ２～３年に完成したタワーマンションでもすでに新古・中古となった物件はネット上でも数多く見つかる。物件選びの際には、新築ばかりに捉われず「待ってみる」のも賢い住まい選びなのかもしれない。

ただ、急増するタワーマンションは古くから街に住まう神戸人からはあまり好意的に捉えられていない。「あれだけ高層マンションが建つと、景観も乱れるしね」（40代男性）、「最近できたマンションの上層階で夜になると安っぽいネオンが瞬いてるのは、なんとかならないのかしら」（30代主婦）と都市景観に関する心情的な部分が大きいようだ。そんな声に反応するかのように、神戸市も「都市景観条例」を改正し、２０１３年４月には眺望景観形成基準を追加。具体的な高さや階数で指定されているわけではないこの新ルールは、高さや階数で制限を設けているわけではないのでなんとも分かりづらい。あまりにも設定が不明瞭すぎるので詳細は省くが、「ポーアイしおさい公園から山側を眺め、六甲山系の稜線にかからない高さまで」の高さなら許されるようだ（一部エリアは除外）。しかし、なぜ人がいないポートアイランドを基準点にするのか理解に苦しむ。

遅ればせながらの神戸市の景観保全のための対応を評価する動きがあることも事実だが、一方で「これだけ建築させておいて、後だしで規制を厳しくするのは不公平」（タワーマンション住民）という反論も。既に建築済の建物は対象外となるものの、「条例にそぐわない物件」として資産価値の下落を心配する声もある。ここ数年の建築ラッシュも一夜の栄華で終わるのか？〝買ってしまった〟住民たちのヤキモキはしばらく続くことだろう。

神戸の主な高層マンション

マンション名	階数	所在地
シティタワー神戸三宮	地上54階	中央区旭通4丁目
D' グラフォート神戸三宮タワー	地上43階	中央区八幡通4丁目
ジークレフ新神戸タワー	地上42階	中央区熊内町7丁目
三宮ミュージアムタワー	地上40階	中央区磯辺通4丁目
Brillia Tower 神戸元町	地上37階	中央区下山手通5丁目
トア山手 ザ・神戸タワー	地上35階	中央区中山手通3丁目
ライオンズタワー神戸元町	地上33階	中央区栄町通3丁目

※各物件ホームページ等より独自調べ

タワーマンションすぐ近くでは日照権を巡る問題も。近隣住民とはくれぐれも仲良くね

※1　ＤＩＮＫＳ：共働きで意図的に子どもを作らない、もしくは持たない夫婦を示す

神戸人の中華料理の愛し方

引っ越しなどで神戸に来た人がまず間違いなく驚くのが、バラエティにあふれすぎる中華料理店のラインナップだろう。逆に、神戸人が市外に出ると「なんやねん、中華ってめちゃ高いところか王将の２択しかないやんけ」とブーブー文句を垂れることとなる（もちろん、王将もおいしいんだけど選択肢のなさが腹立つのである）。シーンや価格帯に応じてさりげなく中華を使い分けてこそ、真の神戸人と言えるだろう。「今日あっさりめがいいから広東にしようや」「辛いもん食べたいから四川やな」などのセリフが、世代を問わず当たり前のように繰り返されている。

基本的には、神戸の中華料理はあっさりテイストの広東が主流だと言われる。海に面していて地理的にも比較的近く、多くの出身者が流入したことが大きな理由。南京町で根強い人気を誇る「民生」をはじめ、「良友酒家」「群愛飯店」「神戸元町別館牡丹園」など広東だけでもすぐに10軒近く名が挙がってきそうだ。そして、神戸人の面倒くさいのは「海鮮チャーハンはここがうまい」「空心菜の炒めもん食いたいからあそこ行こうや」などメニューに応じて細かく使い分けたりすることだ。

もちろん、広東だけが神戸中華なわけでもない。接待や親戚の集まりなどでよく活躍する北京料理にカニでおなじみの上海料理、最近増えてきた感のある四川料理、リーズナブルでおいしい店が多い台湾料理、変わり種では新疆ウイグル地区料理なんて店まである。さらには日本人シェフが手掛けるヌーベルシノワの名店がミシュランで星を獲得するなど、まさに百花繚乱といった様相である。観光客はどうしても南京町に足が向くが、何気ない路地にめちゃめちゃおいしい店が隠れているあたりに、中華激戦区・神戸の底力が感じられる。

また、店で食べるだけでなく神戸人は家でも中華を楽しんでいる。特に、豚まんは神戸人にとってもっともなじみのある中華デリと言い切ってしまってもいいだろう。ありがちなのが各家庭によって豚まんの好みがまったく異なること。南京町のシンボル的存在で、いつだって行列が絶えない「老祥記」、豚まんはもちろん肉厚なシューマイもウマい「一貫楼」、秘伝の味噌ダレがウリの新開地の老舗「春陽軒」、やや厚手の皮で肉汁を閉じ込めた「太平閣」などなど。豚まんだけでこれだけ人気店があるのは、市外の人からすれば異様な光景なのかもしれない（しかし、こいつらどんだけ中華好きやねん）。

第3章

金満、セレブ、六甲さん
神戸イメージをひた走る東側

区域で言えば灘&東灘、街を挙げるならば岡本、御影、六甲あたりがいわゆる「神戸イメージ」の総本山。ときには神戸人として、そしてときには神戸を裏切って「阪神間」の一員として立ち回りつつ、中心部とともに「オシャレ」イメージを今日も内外に振りまいているのだ。

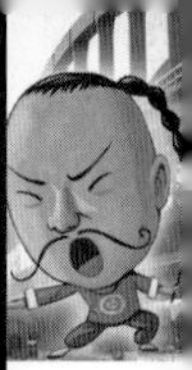

かつての〝独立帝国〟住吉&御影の金満文化遺産

まるで大富豪のお屋敷博覧会!?

通称「日本一の長者村」……明治～大正期にかけて、住吉村・御影村（現・神戸市東灘区の住吉・御影周辺）界隈はそう呼ばれていた。「今も深田池の上の方に行ったら大きな家があるけど、スケールが違うで。何10メートルあるねんってくらいの石垣が延々と続くようなお屋敷がいくつもあったんや」と昭和期からこの地を知る男性は話す。

その理由は、誰もが知る旧巨大財閥の一族や政財界の大物が、こぞって豪邸を構えていたからだ。詳しくは左上の表を見て欲しい。

この2村の近辺に居を構えていた人物の名前を聞くだけでも（しかもこれはほんの一部）、その事実に納得をせざるを得ない。さしずめ「豪邸博覧会」とも言うべき光景が一帯に広がっていたのだ。

関西経済の中心地は、今も昔もいわずもがな商人の街・大阪。しかし、明治～大正期にかけて鉄道が相次いで開通し、郊外型住宅地の開発が始まると、豪商たちは大阪から遠からずで、環境も良い住吉・御影に邸宅を構えるようになる。もともと灘～東灘の一帯は酒造りの街としても知られ、江戸時代から富裕層が多かったこともあり、同じハイソサエティを受け入れる土壌もあったのだろう。

このトレンドは昭和初期まで続き、新興商人たちにとってはイッパツ当てて小金ができると、憧憬の地、住吉&御影から夙川&苦楽園、六麓荘などいわゆる「阪神間」に屋敷を持つことがステータスとなった。神戸界隈の〝本宅〟に妻

子を住まわせ、職場に近い大阪の〝別宅〟に2号さんを囲う……というライフスタイルは、いろんな意味で都合が良く、最大級の〝男の甲斐性〟とされたのだ。

金満文化遺産も今やマンション群に

中でも最大の栄華を極めた住吉村は、実は第二次大戦後までは神戸市……ではなく、〝独立国〟だった。遡れば、明治の廃藩置県の時から長者村として近隣諸村とは和合せず、村民による独立行政を施行。それを支えてきたのはもちろん、大勢の富豪たちからしこたま入って来る税収である。戦後、1948年に神戸市より合併話を持ちかけられるが、それには反発。近隣の御影、魚崎や芦屋にまで声かけして「甲南市をつくろう!」と扇動するが、2年後には丸め込まれて東灘区誕生とあいなった。

この街をそぞろ歩けば、明治から昭和にかけて、大富豪らが残した「阪神間モダニズム」の残り香を、今も色濃く感じることができる。清流・住吉川沿いに佇む「白鶴美術館」、阪急御影駅すぐの「香雪美術館」などは、すべて財閥の私財によって創られたもの。しかし、昨今ではそうした金満文化遺産が危機に瀕している。

敷地内に線路があり、電車が走っていたという噂の旧久原財閥の邸宅地跡は、プロ野球選手や外資系企業トップなどが住まう超豪華億ションに。この例に留まらず、近年では大邸宅が跡形もなく大規模高層マンションになったり、1軒の邸宅跡を分割して4軒の建売り住宅になったり……。阪神・淡路大震災～平成不況の流れの中で、土地を所有する企業や創業者一族もさすがに土地を〝遊ばせて〟おく余裕がなくなったことが原因だが、「住吉&御影」ブランドの源泉となった大邸宅が姿を消しつつあることを嘆く地元の声も。その一方で「住吉のこんなええところにマンションができるなんて思わなかった。昔から東灘に住みたかったんで即決しましたよ」(住吉住民・談)と喜ぶニューカマーも。ま、我々庶民にもなんとか手が届く街になったんだから、そんなに文句は言えないか?

金満独立国・住吉村を語る上で、欠かせない存在がいる。それは、街の〝足長おじさん〟的存在の「財団法人 住吉学園」である。前身は明治時代に富豪がつくった社交クラブだったが、その土地や財産を後に無償で「住吉学園」に譲渡。その運用により、現在も地域の教育や福祉などに活用されている。代々住吉っ子の女性が言うには、「お婆ちゃんは敬老の日に住吉学園から毎年紅白まんじゅうをもらっとうよ。小学校の入学式でも、住吉学園から鉛筆やノートが全員に配布されるし……」。こうした慣例が今も残るのは、神戸広しといえども住吉だけ。豊かな領主さまの遺産を受け継ぐ住吉の民たちは、なんとも幸せものである。「よくこのあたりは住んでみたい街に選ばれているけど、住んだからこそ分かる良さもいっぱいある」(同右)。地元愛が強い神戸にあっても、もしかしたら彼らが一番、地元原理主義者かも!?

住吉学園発足までの歴史

～江戸時代	良質な花崗岩を産出する土地で、日本酒産業も発展 近隣でも有数の裕福な地帯として栄える
1889年(明治22年)	東灘区の前身である旧五ヶ町村が誕生
1918年(大正7年)	住吉学園の前身となる 財団法人私立睦実践女学校設立認可
1938年(昭和13年)	阪神大水害で周辺が大きな被害を受ける
1940年(昭和15年)ごろ	御影町、住吉村、魚崎町、本庄村、本山村、精道村の6町村での合併計画が持ち上がる (戦災等で立ち消えに)
1944年(昭和19年)	財団が住吉村に移譲。財団法人住吉学園認可
1949年(昭和24年)	住吉会館開館
1950年(昭和25年)	住吉村が御影町、魚崎町とともに神戸市に合併し東灘区が誕生。 村有財産は財団が管理する体制に
1951年(昭和26年)	育英資金創設(奨学金制度開始)

※住吉財団ホームページ、東灘区ホームページなどより作成

住吉&御影周辺に建つ主な豪邸一覧

嘉納家(白鶴酒造) ※酒造資料館もあり
住友吉左衛門友純(旧住友財閥⇒現・住友グループ)
阿部房次郎(東洋紡)
武田長兵衛(武田薬品)
久原房之助(旧・久原財閥⇒現・日立グループ)
村山龍平(朝日新聞)
谷崎潤一郎(作家) ※記念館は芦屋市にあり

※独自調べ

住吉界隈の閑静な街並み。えげつない大邸宅は少なくなったけど、現在でも人気も値段も高い!

貧乏ケーブルとイノシシ問題
六甲&摩耶山は神戸の誇り

六甲山発展を支えた 阪急VS阪神のバトル

神戸人にとって「山」といえば六甲山のことを指す。地元の学校の校歌にもやたらと登場し、神戸アイデンティティの形成を担ってきた。往時はレジャー施設に加えて、大企業の保養施設や別荘が並ぶなど「ハイソ」で「神戸らしい」雰囲気を醸し出していた六甲山も、近年は様相を変えつつある。別荘や保養地が次々に閉鎖され、六甲山町の住民数も激減。近年の健康志向を反映してか、消費型レジャーよりも登山そのものを楽しむライトな山好きの姿が目立つ。あまりに身近すぎるせいか軽装備で登る登山者も多く、遭難事故なども発生している。

さて、そんな六甲山を語る上で

神戸市トピックス
山手の街のイノシシ問題

六甲山系にはとにかくビックリするくらいイノシシがよく登場する。かつては、「人間の開発によって住処を追われたり、食べるエサがなくなってしまったかわいそうな動物たち」といった同情の目もあったようだが、どうも実情は違うよう。六甲山や山麓の住宅地で人間の食べ物を食べ「おっ、これうまいやん」と気が付いたイノシシたちがグルメ感覚で街に降りたり、人間に近づいてきているというのが正解らしい。人を噛んだり体当たりしたりといった行動も、いわば「エサちょうだい!」と奈良の鹿的おねだりなのかもしれないが、なんせイノシシはガタイが違うため、不幸にもケガする人間が出たりするハメになる。

となれば、ボタン鍋にでもして、ジンギスカンに代わる六甲山の新たな名物料理にすればよさそうなもの欠かせないのが、阪急ＶＳ阪神の熾烈な主導権争いの歴史だ。戦前にはケーブル（阪神系）のほか、ロープウェー（阪急系）が並走。山頂のホテルも六甲山オリエンタルホテル（阪神系）ＶＳ六甲山ホテル（阪急系）といった具合に、仁義なき戦いが繰り広げられていた。戦後はケーブルに対抗して阪急がバスを走らせるなど戦いは続いたが、２００６年の両者の統合でその歴史にも終止符が打たれることとなった。しかし何がひどいって、いつも「北区＝山」で括るくせに、実は六甲山の施設のほとんどが灘区に属していること。おいしい部分はすべて海側が持っていくのは、山の上でも変わらない。

六甲山の主な施設

施設名	コメント
神戸市立六甲山牧場	羊やヤギなどの動物たちと触れ合える。牧羊犬ショーも
六甲山フィールド・アスレチック	丸太でできた遊具が点在する自然を生かしたアスレチック
六甲山人工スキー場	神戸っ子なら一度は行ったことある最寄りのゲレンデ
六甲山カンツリーハウス	パターゴルフや釣り、バーベキューなどが楽しめる
神戸ゴルフ倶楽部	1903年（明治36年）に誕生した日本最古のゴルフ場
六甲オルゴールミュージアム	オルゴールの展示のほか、組み立て体験も人気
六甲高山植物園	高山植物を中心に約1500種の植物を栽培する
六甲山ホテル	1929年（昭和4年）に誕生。眼下に見下ろす夜景がウリ

※「ROKKOSAN.COM」などから作成

なぜか廃止されない摩耶ケーブル

この六甲山とともにレジャーエリアを構成するのがお隣の摩耶山である。六甲摩耶鉄道株式会社はここにもケーブルを通していた。ピークの昭和30年代には年間１００万人近くの利用者があったが、利用者減に追い打ちをかけるように震災が直撃。結局、六甲ケーブルとの共倒れを防ぐべく、２０００年に摩耶ケーブルを神戸市都市整備公社（現・神戸すまいまちづくり公社）に無償譲渡した。しかし、その後も利用者は減り続け、年間１～２億もの赤字を計上。２０１１年度には撤退決定……したはずなのだが、「地元市民の要望」という不可解な理由によって２０１３年３月に新車両を投入したうえで再び動き出した（神戸人はよっぽど山好き……。というか、じゃあ乗れよ）。

しかも、その間に母体であった公社自体が巨額赤字で解散という本末転倒な事態になっており、「摩耶ケーブルに血税を投入する意味があるのか」という意見が強いことも事実。現在進行形の問題として、今後もこのトピックが注目を集めることもありそうだ。

登山道の立て看板。かなりシニアの登山客の姿も目立つが、近年はちらほら山ガールの姿も

だが、人間の食べ物を食べたイノシシは臭くて食材にはならないようで、おいしいボタン鍋を食べるなら、やはり三田の奥地や篠山あたりのさらなる田舎に行くしかないようなのである。

そして、近年ではもうひとつ六甲山における動物トピックも。それは、ペットとして飼われていたアライグマが逃げたか捨てられたかして、六甲山で異常繁殖しているというもの。すでにこちらも東灘区や北区などで畑の食害などが報告されている。そのうち、イノシシとアライグマが一緒に生ゴミを漁ったりする日がくるのだろうか。それはそれで、思わず笑ってしまいそうな気がしないでもない。

登山道のあちらこちらに見ることができる看板。イノシシの餌付けは、市の条例で禁止だ

年々、スケールダウンする岡本セレブたち

岡本＝かわいい南女 これが男のイメージだ

北から南への海抜の差が、貧富の差を反映する神戸において、山がここまで近いということからも、岡本の生活レベルは高い。阪急沿線の住宅街の中でも、早くから開発が進んだ岡本は、かつて文豪・谷崎潤一郎が居を構えるなど歴史ある高級住宅街であり、特に山手にはエリート層が多く暮した。いまなお「そんな細い坂道やのに大丈夫？」とこっちが心配になるような道で立派なベンツやＢＭＷが走り回る（１００パーセント軽自動車の方が便利やけど……）。

そして、岡本といえば周囲に大学が点在する学生の街である。学生、しかも若い女学生というイメージを決定づけたのもとりわけ関西屈指のお嬢様学校・甲南女子（南女）大生の影響が大きい。春先ともなれば、新入生が駅前から延びる坂にあふれ、さながら〝女坂〟といった体をなす（なんかエロイ表現ですが）。バブル期には、夜の蝶と見まがうばかりの〝出勤風景〟が見られ、派手な出で立ちは良くも悪くも岡本の風物詩に。一時は学内で、毛皮のコート禁止令なるお達しも出されたという逸話も残っている（動物愛護の精神じゃないところが笑える）。

やや変態っぽい言い方になるが、朝や夕方など彼女らのグループが乗り合わせる阪急の車両は、香水やシャンプーの香りがあふれ、ダントツでいい匂いがする。床に転げたおっさんのワンカップ大関や発泡酒の香りがそこはかとなく漂う阪神の終電とのなんたる格差だろうか。神戸、阪神間の男子で阪

岡本セレブの条件
住んでいるところを聞かれたら「神戸」ではなく「岡本」
神戸よりもむしろ芦屋などを含めた「阪神間」にアイデンティティ
高い標高に住むことそのものがステイタスになる
近所に大企業の社長などが住んでいることも自慢
阪急沿線にプライドはあるが自らはほぼ車移動
息子・娘は小学校から塾に入れて中学受験を目指す
塾の送り迎えには当然高そうな外車で乗り付け
フロイン堂のパンなど岡本ブランドの商品に愛着
自宅開業の隠れ家的エステなどの情報をやたら共有

※神戸市民ヒアリングより独自作成

急通学を経験したものなら、朝から悶々とした経験があるはずだ。
　そしてもはや完全にエロ目線になるが、夏はミニスカ、ノースリーブなど露出が多く、見たいものがありすぎて目のやり場に困るのである。駅の階段や駅前の坂道で、ささやかな幸せを見つけることもある（あくまで事故！）。ただ、同じ露出が多くてもやはり品を感じさせるのが南女なのである
　こうしてパブロフの犬的に視覚的にも嗅覚的にも南女ブランドの良さを刷り込まれつつ男子たちは成長し、大学時代に合コンの相手が「南女」と聞いただけで、いろんなところがテンションマックスになったはずだ（筆者だけか？）。
　岡本のイメージを問われて「南女の子がいっぱいいる！」と恥ずかしげもなく即答してしまう男も多いはず。というか、男にとってそれ以外の意味や価値がこの街のどこにあるというのだろうか？

新世代の主力は子育てママ!?

　ただ、女性にとってはこの街は全く違う印象のようだ。気の利いた輸入物の洋服や雑貨、そして雰囲気のいいカフェなどなど。なんせオシャレで〝憧れの街〟なのである。岡本のカフェは男にとって、そのアウェー感はハンパではない。自分以外店内すべてが女性なんてこともザラであり、タバコを吸うどころか自主的に禁煙設定をして早々に退散するのがオチである。

　この街のマジョリティはいつだって女性だった。ヒエラルキーの頂点には、南女の派手なコートの数倍はしそうな毛皮やジュエリーを身に着けた「岡本マダム」が君臨する。マダムたちは山の上から降りてくると岡本駅前のキョーレツな価格の値札を掲げたブティック群で、ルーチンワークのごとく前出の高価な被服を購入していく。冗談ではなく、ここらのブティックは「マダムありき」なのだ。

　しかし、最近は山の上のお屋敷が更地になり、その跡地に建売住宅が並ぶなど、マダムたちもスケールダウンを見せており、かわって新たな勢力として子育てママ世代が急増中。確かに、岡本界隈は古くから文教エリアに指定されていて、パチンコ店や風俗など子どもに有害なものは一切ない（このへんも男にとったらつまらない原因だ）。高い教育熱も間違いなくエリアの特徴といえる。ただ、まさにいま子育て真っ盛りの住民が「あの坂道はベビーカーでは無理！」と断言するように、山にへばりついて広がる岡本ならではのデメリットも見逃してはならない。冗談抜きでキャノンボールレースのような勢いでベビーカーが転げ落ちそうな急こう配があり、ママたちはいつも気が気でない。

　そして、山が近いことで思わぬ隣人も登場するのが岡本である。新参者が横着をして前の晩に生ゴミでも出そうものならさあ大変。隣人とのご近所トラブルを招くわけではないが、まず確実にイノシシがやってきて袋を破って食い荒らす。地元民はもはやイノシシは野良犬程度にしか思っていない。たまに新聞などでお年寄りや子どもが噛まれたり体当たりをされたりといったニュースを目にするが、悪気なく「今年の冬はエサが少ないんかな」などとトンチンカンな感想を漏らしてしまうのも、ひねりのきいた隣人愛なのだ。通学路の安全・安心が叫ばれる昨今にあって、「イノシシ」というワケの分からないリスクファクターが存在する岡本。ここは前評判ほど住みやすい街とは思えないし、男子諸君には、かえって居心地が悪い場所にも感じる。しかし、結局のところブランド力は未だもって健在であり、今後も「住みたい街」ランキング上位に顔を出し続けることだろう。

こちらがオシャレと名高い岡本の駅。大きくはないが……たしかに雰囲気あり

海上文化国際都市の六甲アイランド 近年、ハコモノがやばくない？

カタカナあふれる島の真の姿は？

六アイ、あるいは軽蔑的に「島」と呼ばれる六甲アイランド。ポートアイランドと並んで、「山、海へ行く」とまで言われた神戸市の代表的な政策であり、当初は３万人もの居住を見込んで１９７２年に着工。１９８８年から入居が開始され、１９９０年には大動脈たる六甲ライナーも開業した。外資系企業や外国人の姿が多いことが街の特徴で（今ではかなり少なくなったけど）、そのため、島内のあちこちで外国風のネーミングを目にすることになる。「アイランドセンター」駅周辺に張り巡らされた「スカイウォーク」や島をぐるりと巡る「シティヒル」、ヤシの木が生えたシーサイド「マリンパーク」などなど字面だけ見ればオシャレな街は、暮らしやすそうで外国風ではある。ただ、ＪＲ住吉（新快速が停車しないのは面倒）で乗り換えて六甲ライナーを利用するアクセスが嫌われ、住まいとしては著しく人気がない。

分かりやすい指標が、物件の値段。東灘区は近年人口増加が著しいくせに、六甲アイランドではやけっぱちのように価格破壊が進むマンションが登場している（４ＬＤＫで２０００万円台も）。数百メートルの海が隔てる心理的な開きは、思ったより大きいようだ。

余談だが、大学時代のとある友人は小さいころ西宮市内に住んでいて、中学生のときに完成したばかりの六甲アイランドへと転居した。その際に当時の彼女から「遠距離恋愛になるから」と別れられた苦い経験があるらしい（笑）。

六甲アイランド　危ないハコモノ一覧

施設名	コメント
神戸ファッションマート	神戸商工貿易センターが運営。 アパレル企業の集積地ならびにショッピングモールとして期待され1991年に誕生したが、いまでは空きテナントだらけ。 館内では時折バスケットボールの試合などのイベントが開催されている
神戸ファッションプラザ	1997年オープン。特にヤバいのが専門店街「Rink」。平日はフロアがほぼ貸切状態になることも。 巨大な吹き抜けなどハード面に金がかかっているだけにコントラストが際立つ。 シネコンが撤退（2011年11月）して以降、衰退に拍車がかかった
神戸ベイシェラトンホテル&タワーズ	世界的なホテルブランドも六甲アイランドでは大苦戦。 三宮～大阪の中間といえば聞こえはいいが、やはり理由は対岸にあるそのアクセスか。 かつてはJTBの子会社だったが、不振のため母体が二転三転し、いまはCMでおなじみ「ホテルニューアワジ」の傘下
神戸ファッション美術館	全国初のファッションをテーマにした公的美術館として1997年にオープン。 空飛ぶ円盤を思わせる斬新なフォルムの建物を税金で作ってしまうセンスが秀逸。 現在は、神戸市の外郭団体でもある（財）神戸産業振興財団が運営

※各種資料より作成

住民がいないから、商業施設にも当然元気がない。それを象徴的に表すのは、神戸ファッションプラザ内にある商業施設「Rink」だ。地上9階建ての施設に足を運んでみると、なんと現在は3～9階が全てクローズという衝撃的な光景が待つ。ほかにも、神戸ファッションマートやら神戸ファッション美術館やらやたらと「ファッション」を冠した施設が多いが、どれも集客はサッパリ。こんなことなら、ついでにファッションヘルスやファッションソープでも作っておいたほうが来島人口が増えたんではないかと、ゲスな合いの手を入れたくなる。

もちろん、六アイだって努力を怠っていたわけではない。いまや「神コレ」の名で全国的に知られる「神戸コレクション」のそもそもの開催場所は神戸ファッションマート（2002年～2007年）。しかし、コンテンツが人気を集めるとともに市内会場を神戸ワールド記念ホールに奪われた（もはや神コレ自体が東京にとってかわられそうだし）。そんな六アイの低迷ぶりには世界的ホテルブランドも勝てなかったようで、高級ホテルとして知られる「神戸ベイシェラトンホテル&タワーズ」も利用者の伸び悩みから所有者が二転三転。現在のオーナーはあの「ホテルニューア～ワ～ジ～♪」のCMでおなじみのホテルニューアワジの傘下にある（しかも、現在敷地内で温泉まで掘っている）。

もはや完全に「失敗した街」の烙印を押されそうな六甲アイランドには、さらによくない話もある。島内の代表的企業であった外資系生活用品メーカーP&Gの日本本社が数年内に移転することが決定したのだ。外資系企業&外国人が多く住むというアイデンティティすらなくなったらどうなってしまうのか？　このさい神戸市には「海峡を埋める」くらいの荒業をもって、〝孤島〟を救ってあげてほしいものだ。

神戸ファッションプラザ内の張り紙。「3F～9Fまでってほとんどやん！」とツッコみたくなる

個性派ドライビングスクールが多数存在　免許を取るなら六アイがお勧め!?

六甲アイランド内には、ドライビングスクールがなぜか2つもある。道幅が広く、交通量は少ないので、初心者が練習するにはうってつけの環境ではある。ただ、要注意なのが教習の中盤で登場する島外での路上教習。普段は、六アイの貸切みたいな道路を走る教習生にとって、人がウジャウジャ出てくる阪神御影駅前あたりの恐怖は人一倍。この試練を乗り越えて、みんな一人前のドライバーになっていくのだ。

コープこうべことコープさん

全国にある「日本生活協同組合連合会」(しかし、こうやって正式名称を書くとなんとも堅苦しい)は、「生協」「コープ」など全国でさまざまな愛称で親しまれているが、ここ神戸ではひと味違う。市民たちはたっぷりのリスペクトと親しみを込めて「コープさん」となぜか敬称付きなのだ。そして一定以上の年齢（40 ～ 50 代がボーダーラインかと思われる）になると、「組合さん」ってやっぱり敬称付きやん！

なぜ、「さん」づけになったのかその理由はいくつか語られている。まずひとつは、御用聞きのお兄さんを「購買さん」と称し、後に配達のお兄さんを「組合さん」「コープさん」と称したことがルーツになっているという説。そしてもうひとつは、「日本で最初の生活協同組合として昔から神戸人が誇りに感じているから」というやや心情的な説であるが、実際に神戸に暮らしてみるとこれも「あながちウソではない」と感じる。

現在のコープさんの前身にあたる「神戸購買組合」「灘購買組合」が設立されたのは 1921 年 4 月のこと。1962 年になって両者が合併したことで他に類を見ない超巨大組織が誕生。そして、その後も各地の組合を合併しつつ、兵庫県全域のみならず大阪の一部までを活動エリアとして組合員数を拡大。2013 年 3 月末時点で 167 万人もの組合員を擁するその規模は世界有数らしい。

しかし、決してその規模だけがリスペクトの理由ではもちろんない。戦前の関東大震災や阪神大水害、物資がなかった戦後の混乱期、そして近年では阪神・淡路大震災の際などに義捐金の供出や商品の速やかな供給、あるいはボランティア活動の支援といった活動に力を入れてきたことも、世代を問わずに「さん」をつけて親しまれる土台となっていることは間違いないだろう。

「コープさん行ったら食パン買ってきてや～」「今週のコープさんで牛肉来るんちゃうかった？」などと、もはや一個人のように扱われる「コープさん」であるが、とにかく神戸人にとっては敬称を付けても惜しくないくらい自慢のお店なんである。強いて似たものをあげるなら大阪のおばちゃんたちが「アメちゃんいる？」の「ちゃん」みたいなもんで、理由なんてどうでもいいのだ。県外に出ると「さん付けされていないことにビックリする」とコメントする神戸人も多数出会った。ある意味これは大阪と一線を画す神戸弁の代表例だと言えるかもしれない。

第4章

神戸ブランドとは程遠い西の神戸と最果ての北区

下町感あふれる〝B級グルメの聖地〟長田に、のどかな海岸線が広がる須磨・垂水、そしてざっくり「あ〜あ」という嘆息をもって語られてしまいがちな西区&北区。オシャレ感は90パーセント減（対東神戸比）でも、西側だって立派な神戸。同じように話題や問題は盛りだくさん！

ガラの悪さと人口流出 長田区の諸悪は再開発にあった!?

神戸きっての下町に不釣り合いなビル

阪神・淡路大震災の前と後で、長田の街並みはめっきりとその姿を変えた。震災の2カ月後の震災復興開発事業では新長田駅南が「西の副都心」と位置づけられ総事業費約2700億円にも達する再開発が決定。小さな工場や住宅が密集していた街に次々と巨大なビルやマンションが建つことになった。ただ、この「新しい長田」は地元からのウケはサッパリで、数ある復興計画の中でも有数の大失敗となる気配が濃厚だ。

長田は、神戸でもかなり毛色が違う街で、別エリアの住民からは敬遠されがち。その理由の一端はなんといってもガラの悪さを物語る伝説の数々だろう。近年でも某

神戸市トピックス

こっちこそ長田だ! ベタ路線の長田活性化

行政がめざす「副都心」に反旗を翻すべく(?)、地元レベルでのまちおこしも進行中。まずは、グルメ。薄焼きの生地に具材を載せる神戸独特のお好み焼きは長田名物の代表格だろう。長田区内のお好み焼き屋の密度は大阪をしのぐとも言われ、牛スジとコンニャクを甘辛く炊いた「ぼっかけ」や、焼きそばとご飯を鉄板で炒め合わせた「そばめし」など「見た目よりも味&リーズナブル」なおいしいB級グルメが揃う。

そして、「なんじゃそりゃ?」と誰もが耳を疑ったのが、ゆかりの漫画家・横山光輝氏を生かしたまちおこしだ。ガンダムでもなく、エヴァンゲリオンでもなく、平成のこの時代に「鉄人28号」を起用するあたり、神戸のベタ担当としてほぼ100点満点の答えかもしれない。そもそも等身大鉄人28号ってプロジェクトと

震災前後で街の風景は一変。もう少し地元のキャラを考えたまちづくりができなかったのか？

大手カラオケチェーンが早期撤退を余儀なくされたが「客の無銭飲食と器物破損が相次いで赤字が出た」という噂がまことしやかに出回るのもこのエリアならでは。「オマエ、何中やねん？」と出身中学が名刺代わりとなる世界観がいまなお根付く。ツッパリが大全盛だった1980年代を知る市民は「中央区にも悪い学校はあってな。授業中に校庭へバイクが乱入してきたことがあったよ。だけど、長田は別格やわ。あいつらは校庭やなくて廊下をバイクが走っとった」（中央区の中学OB・談）

　ただ、かといって、単純にバイオレンスだけの街、というわけではない。お好み焼き屋に入れば「兄ちゃん、これ食べてみ～や」と頼んでもいないキムチやナムルが振る舞われたり、横の席の常連らしきおじさんが「ここのママも昔はキレイやったんやで」などと気を使ってさりげなく会話に入れてくれたりと、飾らない人柄や距離感の近いコミュニケーションも。要するに完全な下町で、大阪環状線の駅があってもおかしくないようなベタなノリである。戦後の街の主産業は塩化ビニールから開発したケミカルシューズ製造で、日本人、韓国人、中国人などが職住近接のエリアの中で混じりあいながら独自の文化を形成。派手さがなくとも刺激的な日常こそ、地元民がいう「おもろい」の源だった。

一方で、昔ながらの狭い路地なども残るなど、区内でも復興や都市計画のアンバランスさが

　しかし、神戸市は何を血迷ったかこの街に40棟以上もの商業ビルや高層マンションを次々と建設。下町全開の長田に不釣り合いなビルそのものが、住民からしたら「俺らの街になんしてんねん？」でしかない。多くの住民が家と職場を同時に失い四苦八苦する中で、「地道に以前の暮らしに戻ろうとする住民を置いてけぼりにするような開発が腹立たしい」（長田区在住者・談）という気持ちになっても不思議はない。

　結局、街並みこそきれいになったが、軒並み借金を抱えてテナントに入った商店からは、客足が遠のくばかり。区内の人口減も止まらず、売れ残ったテナントも事実上のダンピングが行われ、廃業するにも店舗の買い手がないという負のスパイラルに陥ってしまっている現状だ。それでも神戸市は新長田駅前の開発事業を2015年末まで継続する方針を固めているが、すでに「失敗がさらにでかくなるだけ」とつぶやく地元民も多い。なら、今こそ廊下を爆走したあの時のような長田民パワーで、行政へ訴えるべきじゃないかい？　やっぱりヤジを飛ばすだけじゃなくて正面から言わないと。このままじゃ長田からはもっと人が離れちゃうよ！　そう思うんですが、どうでしょうか？

しての規模がでかいのか小さいのかも分からんよなあ（像の前に行くと、大人も子どももそれがルールかのように同じポーズで記念撮影をするのは微笑ましい）。

　そして、商店街の中にいきなり出現する「三国志ミュージアム」にも触れておきたい。神戸の他の商店街が最近では「I-NAC神戸」のフラッグを掲げる中で、大正筋商店街では「関羽」や「孫権」など古代中国の英雄の等身大の石像が突然出現する（しかし、長田は等身大好きやなあ）。もはやコアターゲットがどこなのかすら判然としないものの、こうした取り組みを通じて「ベタで楽しい長田」が発信されているのだ。

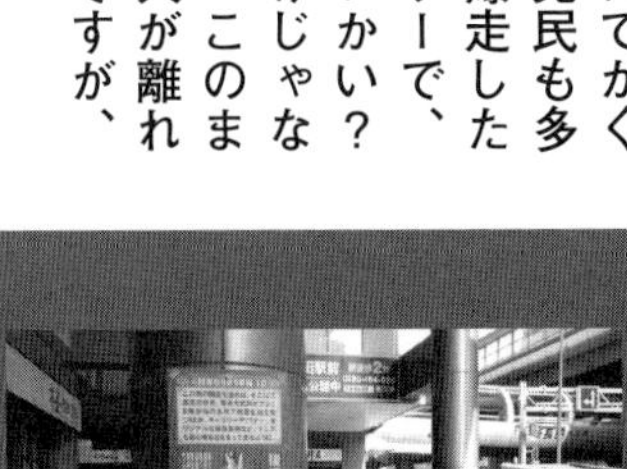
界隈には石像やパネルなど三国志の関連展示が。マニアにはたまらんのかもしれんが……。

須磨海岸のイメージしかない年中常夏気分の須磨区

夏の海水浴場は ガラもマナーも最悪

神戸の中央よりちょっと西に位置する名谷。このあたりの住民の多くが「家は須磨の上の方」と認識している。かといって海沿いを「須磨の下の方」と表現することは滅多にない。須磨を語る上で起点となるのはなんといっても「海」なのだ。

ＪＲや山陽電車に揺られて三宮から西へ向かう——。兵庫や長田の下町エリアを抜けると、とたんに車窓には穏やかな海が広がる。「営業で西に行くときはこっちまで気持ちがのんびりする。大阪に行くときは絶対に新快速だけど、西へ行くときは普通で座っていきたくなるんだよなぁ」（三宮勤務会社員・談）と労働者や学生のやる気を奪うパワーも絶大だ。特に春～初夏にかけての海の平和すぎる光景は、「もう仕事なんかどうでもいいや～」と思わせるくらいほのぼの感に満ちている。

しかし、須磨がいちばん賑わう季節は、やはりダントツで夏だ。休みに入れば大阪や神戸からのもっとも手近な海水浴場として、例年賑わいを見せるものの、地元住民も訪れた海水浴客も揃って「汚い」と口にする（じゃあ来なかったらいいのに）。だいたい「二色浜の方がキレイ」とか「江井ヶ島と全然違うよな」と同じく近場の海水浴場を引き合いに出しながら、そのダメぶりを指摘されることに。そもそも10キロも満たない場所に大きな工場が立ち並ぶ大阪湾内の海水浴場に彼らはいったいなにを求めているというのか。客層を見ても本格的なマリンリゾートを楽しもうとする真の海好きはほぼ皆無で、海で泳ぐよりもナンパデビューしたい若者が多数。地方から神戸の大学にやってきた1回生が、普段ならそんな根性もないのに「海ならナンパできるかも」と淡い期待を持って訪れてしまうような場所になっている。まあ、海水浴場がダメならば、訪れる客もダメな海と言ってしまっていい。

そんなもんだからマナーも最悪。飲食物や日焼け止めクリームなどのゴミはすべてほったらかし。「清掃しようにも、毎日繰り返しだから夏が終わるまで待つしかない。最近は夜中まで音楽がかかっていたりして物騒だし、変に関わってトラブルになるのもいやだし」と地元住民はため息をつく。

禁止されるとしたくなるのが人情かもしれないが、毎年花火や音楽の騒音のトラブルを耳にする

また、砂浜から駅や国道2号線が劇的に近いため、夏場ともなれば国道沿いを水着で歩く勘違いした若者の姿もやたらと目立つ。コンビニや飲食店には「ハダカでの入店お断わり」の貼り紙がなされ、民度の低さをいっそう感じさせる。地元住民たちも毎夏繰り返されるバカ騒ぎと交通渋滞（2号線の車線が狭いため夏は慢性的に渋滞が起こる）には心底辟易しているようだ。しかしながら、海は須磨にとってかけがえのない観光資源であることは間違いなく、ボランティア清掃などを通じて地元の海を守ろうとする住民たちの姿もある。また、砂浜でビーチバレー大会やアクアスロン大会を開催し「安全で楽しい海」イメージの醸成に努めてはいるものの、前出の悪しきイメージを払拭するまでにはしばらく時間がかかりそうだ。

須磨の目指すべきは オシャレ系か癒し系か？

しかし、喧騒の夏を過ぎれば一転してまた静かな海沿いの街へと戻る。むしろ、こちらが真の須磨の姿だろう。海水浴場にはひと夏に約80万人もの海水浴客が訪れるが、そのほかに通年のめぼしい観光施設といえば須磨寺と離宮公園（どっちも超シニア向けやけど）、それに須磨海浜水族園くらいで、やはり観光地ではなく住宅街のイメージが先行する。そんな須磨にもっとお客さんに来てもらおうと立ち上がった団体が地元有志によって結成された「須磨を西海岸化し隊」。名前はともかく彼らの目標は、ロサンゼルスのマウントリーにある「HOLLYWOOD」のサインさながら、鉢伏山に「SUMA」のサインを出すこと（しかし、これかっこええんか？）。その夢に向かって現在は須磨でのイベントの開催や、ホームページ「須磨勝手に観光協会」の運営、さらにはオリジナル商品の製作販売などを手掛けている。オリジナル商品は須磨名産のノリを使ったチョコ「のりのりチョコ」や「須磨水ぷくぷくサイダー」など、ネーミングもパッケージも超脱力系。「最近はケンカとか薬物とか須磨はマイナスイメージしかなかったからね。もともとのんびりしたとこだし、これくらいゆる〜いまちおこしがちょうどええよ。あんまり人が多く来ても困るしね」（須磨区民）。う〜んやっぱり須磨はたまたま海水浴場が近いだけで、ただの住宅街っていうのが正解!?

須磨海岸に迫る黒い影 8月8日はハッパの日 !?

近年、須磨海岸は薬物汚染が大問題に。以前からウワサはあったが、2010年に砂浜に投棄されていた注射器8本から覚せい剤反応が出たニュースが報じられ、事実だったことが知れ渡った（なんか、ここだけ西海岸風やん）。また、ちょうど海水浴の最盛期にあたる8月8日が愛好家の間では「ハッパの日」らしく、大麻や脱法ドラッグも相当蔓延しており、もはや家族連れで楽しむ海ではなくなってしまったようだ。

リゾート地になりきれない明るい漁村・垂水区

オシャレな海辺のすぐそばに大漁旗？

いまでこそヨーロッパのシーサイドみたいなシャレたアウトレットがあり、ライトアップされた明石海峡大橋が恋人たちのロマンチックなムードに華を添える垂水区であるが、住民たちはここ15年ほどで急に増えた訪問者の増加にいまだ戸惑いを隠せないでいる。街としては海を活かしながら積極的に観光客や買い物客の誘致をしたいのかもしれないが、住民たちは必ずしもそれを望んでいるわけではないようだ。

そもそも「港」という言葉が外国文化に開かれたイメージを表現する神戸にあって、垂水は港＝漁業を声高に主張する存在。垂水の名物を聞けば誰もが「いかなごの釘煮！」と即答。春になると神戸中の家庭で仕込みがはじまる釘煮はもはや神戸人にとっては春の季語になってもおかしくないほどの風物詩だが、総本山である垂水の気合の入り方はひと味違う。季節になると駅前には合戦のように「いかなご」と大書した幟がはためき、スーパーでは洗脳教育のようにいかなごをテーマにした歌がエンドレスに流れる。「大学で大阪に出て、神戸以外では釘煮という言葉そのものが通じないことにカルチャーショックを受けた」（垂水区出身大学生・談）、「引っ越してきてすぐに近所のおばちゃんに連れられて、カルチャースクールみたいなところでいかなごの炊き方を教えてもらった」（他県から垂水に引っ越してきた主婦・談）などいかなごに関するエピソードは枚挙にいとまがない。春になる

とご近所の話題は「今年は何キロ炊いた」の自慢話。ご近所同士でもタッパーに自作のいかなごを詰めて交換する光景も垂水ならではのものだろう（家庭によって微妙に味が違うらしい。まぁ、こういうのを比べるのが楽しいんだよね）。

そう、いかにマリンピアがオシャレ感を主張しようとしても、魚に関しては目も舌も肥えた主婦が「マリンピアよりも漁港の直売所で新鮮な魚が買えることが嬉しい」と語るのが垂水の日常なのだ。むしろ、「アウトレットなんて年に1〜2回しか行かないから遠くてもいいんだけど。それよりアウトレットのせいで2号線が毎週混むのがうっとうしいなあ」と古くからの住民が話すように、新参者を軽く迷惑とまで捉えているフシもあるんだけど？

垂水は、いかなご以外に海苔養殖も盛ん、ひそかに兵庫県の海苔の生産量は全国トップクラス

マッチョな兄貴が全裸で日焼け

とはいえ、20年前なら完全に漁港＋住宅地でしかなかった垂水区に、外から訪れる客が増えていることは事実だろう。休日に楽しそうに手をつないで散策するカップルは、見てるだけでこっちも幸せになる。しかし、垂水某所にはもう少しディープなデートが楽しめるシーサイドもあるのをご存じだろうか。垂水のすぐ東にある塩屋海岸だが、実はその筋の人にとってはゲイビーチとしても超有名なのだ（アッー！）。

垂水駅前にある海神社は「うみ」ではなく、「わたつみ」と読み、間違いなく地元民以外は読めない

ここではおっさんや兄さんたちが、己がイチモツを誇示するかのように素っ裸で日焼けし、そこだけ切り取ればまるで外国のビーチリゾートである（男だけなのでノンケの筆者としてはなんの魅力も感じないが）。「平磯の海釣り公園からもたまに全裸の奴見えるで。しかしなんであれが捕まらへんのやろな。不思議やわ」と釣りが趣味の知人も語っていた。ちなみに垂水のすぐ西のアジュール舞子にも近年ゲイたちは進出しているというウワサもある。全国に名高いゲイビーチになるか、ヨーロッパ風マリンリゾートになるか、あるいは昔から変わらぬいかなごの海なのか。垂水の海の覇権争いに今後も少しだけ注目しといてほしい。

岸壁でガタイのいいお兄さんが全裸で寝ていたらそれはそういうこと。愛の形は自由やからね

舞子の象徴 舞子ビラが売却か!!

和製サンタモニカ（だから、このネーミングがすでにダサい）の愛称で親しまれている舞子エリアに1998年6月オープンした舞子ビラ。神戸市の外郭団体である神戸マリンホテルズ株式会社が運営してきたが、経営不振によって2013年4月に民間事業者に売却された。神戸市と銀行が組んで進めてきた土地信託事業でも大損害を計上しており、事業清算にかかる市民負担は100億円を超えることが予想されている。

地下鉄延伸計画頓挫で最果てになった西神中央

明石から土地を奪って作ったニュータウン

西神ニュータウンは浜手の開発にご執心だった神戸市が、珍しく山を切り開いて作り上げた街だ。実は西神ニュータウンの開発は神戸市にとって数十年来の悲願だったのである。そもそも明石平野に新都市を建設する構想が最初に持ちあがったのは1938年のこと。当時このあたりは「明石郡」の一部であり、「他人の土地に街を作ろう」という発想が傲慢としか言いようがない。その後、戦争を挟んで明石郡の一部の神戸市への合併などが行われ、1950年代にようやく神戸市と明石市の現在まで続く境界線が確定（合併の歴史については93頁でも触れる）。1972年ごろになってようやく西神地域での本格的なニュータウン開発がスタートすることとなった。

西神ニュータウンは西神住宅団地、西神南ニュータウン、神戸研究学園都市の3つから構成されている。その中心地として指定されたのが、最北端にして最西端の西神中央駅だった。80年代〜90年代にかけてこのあたりの開発は順調に進んだものの、その後は不況や震災によりペースダウン。「明石平野に新都市を」という壮大な計画だったはずだが、開発は一部の地域に限定された。当初は各都市間を鉄道で結ぶ計画もあったが結局地下鉄となり、本来は三木方面、神出・岩岡方面、舞子方面などに延びるはずだった地下鉄もいつの間にか延伸計画が頓挫。西神は西の果てとなったのだ。

ターミナルである西神中央駅周辺には確かに生活利便施設が集ま

ってている（けど、わざわざ行くところじゃない）。車道や歩道も広く、よく整備されている。さらに、住まいだけでなく日本で初めてとなる工場団地の造成も開始。職住近接の新たな街を造り、田園地帯を一大経済圏へと変えようとした構想は評価に値する。

だが、こぎれいにまとめられた都市や工業用地などは広大な田舎の一部に過ぎず、「工業団地内では社員食堂かお弁当以外の選択肢が皆無。歩いて行ける範囲にランチができる店がない」（西神工業団地で働く女性・談）と、なにもないところに職場を作った故の不便さは大きい。畑が多いので新鮮な野菜にはありつけそうだが。

公園や道路をはじめ、典型的なニュータウン。ただ、少しずつ街には高齢者が目立つように

むしろ、最大の被害者は結局地下鉄が延びてこなかった岩岡や神出あたりの住民たちだろう。地元の人に最寄り駅を聞くと、「どこでもない」と自虐的に答えてくれるはずだ。このあたりの家庭では車の複数台所有が必須。明石駅や西神中央駅など「まだ比較的近い」ターミナル駅から通勤・通学するしかないが、バスの本数も決して多くないため最後は家族による送迎がカギとなる。

一縷の望みをもって「地下鉄通して！」みたいな看板を掲げていたりするが、実現の可能性は限りなく低い。なぜなら、地下鉄西神・山手線の弟分ともいえる海岸線が足を引っ張っているから。海岸線は2001年に開業したものの、沿線の人口減が止まらずに毎年莫大な赤字を計上。わずか10年で770億円の累積赤字を生み出した（地下鉄全体でみると2010年度末で累積赤字は1200億円……こりゃムリだ）。「西神から先に地下鉄を延ばしても利用客は少ないやろうけど、誰も乗ってない海岸線よりはマシちゃうんか」（神出町住民）と住民たちの怒りは浜手に向けられている。

開発途中にバブル崩壊や震災があったもんだから途中でいろいろ断念。中央部以外は残念な感じに

いつも通り、「海の近く優先」の神戸ルールにモロに翻弄された西神地区が、救世主のように期待するのは阪急電鉄による地下鉄西神・山手線への直通運転だろう。このウワサも90年代から繰り返し耳にするものだが、一応阪急と神戸市営地下鉄は相互乗り入れが可能な同規格で運行しており、まったく根拠のない話ではない。ただ、阪急電鉄は大阪市営地下鉄との経営統合が囁かれる（北大阪急行の乗り入れなどを通じて関係が深い）など、万が一、実現するとしても今後相当の時間が必要となることは間違いない。

最果ての座に甘んじてのんびりしていては、高齢化が進む北区の元・新興住宅地たちと同様の歩みを見せることは明白。来ない救世主を待てる時間もそう長く残されていないのではないだろうか？

グリコピアでなじみが深い西神工業団地

日本で初めて工業の誘致のみを目的として開発されたエリア。住宅地、学術研究都市、さらに産業用地をまとめて一緒に開発するとは、さすが「株式会社神戸」の面目躍如といったところだろうか。神戸市民にとっておなじみは、団地内にあるグリコピア。その名の通り、菓子メーカーのグリコの工場に併設された施設で工場見学などが楽しめる。神戸の小学生の定番遠足コースなので、行った記憶がある人も多いのでは?

最寄り駅は明石ですが……れっきとした神戸・伊川谷の憂鬱

もはや明石!? なんちゃって神戸の伊川谷

「伊川谷」という見るからに自然が多そうな地名は、まさにその通りである。地下鉄駅でいえばすぐ手前には学園都市や総合運動公園などがあり、先には西神ニュータウンが開けるが、その中でもポツンと開発から取り残されてしまった悲しいエリアなのだ。中心部と西神中央を結ぶ大きな幹線道路を走ると、ビックリするくらいそこだけ田園風景が広がる。これだけ放置された伊川谷は西区の中でも肩身の狭い思いをしているようだ。同じ西区の中でも「家は伊川谷」と答えようものなら、五十歩百歩の区民から「田舎やな～」と嘲笑を浴び、伊川谷高校や伊川谷北高校は「イカ高」「イカキタ」などどこかあか抜けない名前で呼ばれてしまう始末。

もちろん、西区を出てしまえばさらに伊川谷の立場は低く扱われる。「伊川谷？　ああ、明石の近くやんな」と一蹴されて終わりのパターンが多く、住民は「自分たちは本当に神戸市民なのか」とそのたびにガッカリさせられる。伊川谷界隈から県道16号線や52号線を使って南下すれば、車で15分足らずで、JR明石駅に到着する。明石のハズレにあたるならともかく、いきなり中心地である。地下鉄を利用すれば各駅停車となるが、JRであれば新快速が停車するため、むしろ利便性も高く、通勤や通学でこちらを利用する住民は多い。「あ～伊川谷って明石のとこやろ」という指摘は、地形的にも交通事情的にもある意味至極妥当なものなのである。

そんな伊川谷の特徴らしい特徴といえば、「都会の近くの田舎」にありがちなヤンキーが多いことくらいだろうか。夜になると駅前の街灯の下にウダウダとたむろする若者たちの集団がいまだに多い。「このへんはいまだに暴走族が走ったりして警察と追いかけっこしてるよ。バイクの排気音がブンブン鳴って、夜になると周りが静かやから、遠くまで聞こえてかなわんわ」とは伊川谷住民の弁。

ちなみに、「伊川谷のヤンキーは免許取得の際に無免許の原付で免許センターへ行く」という都市伝説は20年以上前から耳にするが、確かに伊川谷から免許センターはまさに目と鼻の先。「ほかの神戸人は免許センターに行くのをイヤがるけど、うちからなら自転車でも行けるからね。更新のときにはここに住んでて良かったって思えるよ」（同上）って、ほんまにそれ以外なんか街のええとこないんですか？

電車にゆられながら、外を見渡せば「ここは、神戸なの!?」と疑いたくなるような田園風景が広がる

「俺たち明石！」な微妙な西区の街

ただ、同じ立場に置かれているのは決して伊川谷だけではない。ほかに、「明石の皮をかぶった神戸」に該当するのは、玉津や平野、神出、岩岡の各町だろうか（ってほとんど西区の半分やん）。

さらには「ほぼ三木市」認定を受ける押部谷を含めると西区も3分の1くらいになってしまいそうだ。基本的にこのあたりは明治以来の神戸市が〝ぶんどった〟領地である。そもそも「なんでこっちが明石でこっちが神戸やねん」と指摘したくなる境界線からしておかしい。

神戸市と明石市の境界線を引く際には、主に玉津地域などを巡ってかなり駆け引きがあったらしく、そのせめぎあいの果てが現在の境界線として残る。試しに第二神明道路を姫路方面へと走ってみてほしい。神戸を越えたら明石市、明石を越えたら神戸市、そしてまた現れる明石市と理解に苦しむ境界線が体感できるはずだ（行政コストもムダが多そう。と思ったら伊川谷で郵便を出したら明石の消印になるらしい）。

昭和の大合併の際には明石もろとも神戸と合併する話もあったそうだが、明石側が「税金高くなるしイヤ」と拒否し、実現には至らなかったとされる。ある意味、「明石風の神戸」の街は本国（明石）を守るために列強（神戸）に割譲されたエリアなのかもしれない。

神戸からは神戸として扱われず、明石からは明石として扱われず、もはや妖怪人間ベムみたいな位置づけの彼らは、今日もバスに揺られてJR明石駅をめざす。

近年では、ホームセンターなどが建設されており駅の様相も大きく変わりつつあるが、やっぱ微妙

日本のへそで有名な明石市はバランスの悪い自治体だ！

東経135度、タコ、玉子焼き、フェリーなどで有名な明石市。とにかくこの街は漁港のイメージが強く、揚がったばかりの魚が並ぶ有名な「魚の棚」を目当てにした観光客も多い（平日はがらがらやけど）。市役所がある明石市が限りなく東に寄りすぎるバランスの悪い配置のため、かわいそうなのは西側の住民たち。東西格差はこの街にもあり、西の住民たちはなぜか西明石終着の電車にブーブー文句を言う日々である。

坂の街・鈴蘭台は今や、高齢者ばかり!?

北区の中心都市なのに なんか色々と大変

神戸経済は浜側を中心に発展してきた歴史があり、三宮~元町あたりにいけば娯楽施設や商業施設も数多い。となると、浜側の住民にとって、山しかない（と本気で思っているフシがある）北区はよほどのことがなければ足を運ばない場所である。三宮近くの住民に聞くと「あっちの方は……なにがあるんやろか？」と逆に聞き返されてしまった。そんな北区にあっても開けているとされるのが鈴蘭台である。曲がりなりにもターミナル駅で、片方の線は有馬温泉方面へ延びる有馬線、そしてもう片方は三木へと続く粟生線。そして南行は新開地へ。神鉄は鈴蘭台と下界を結ぶ唯一の交通手段だ。

かつての異名は 関西の軽井沢！

笑わないでほしいが、鈴蘭台は昭和初期から開発が進み、当初は「関西の軽井沢」なんて異名で呼ばれていたらしい。本格的な開発が進んだのは戦後に入ってからで、同じく「僻地」として扱われる西区よりも15年~20年ほど宅地化が早かった分、高齢者問題も先取りする形で進んでいる。

しかし、高齢者にはビックリするほど優しくない街だ。「義母が毎日ダイエーまで買い物に行くけど、一緒について行かなくちゃ怖い。歩道がないからよろけたら大変だし」（鈴蘭台在住主婦・談）。確かに駅は四方全てが坂で、バギーを押した高齢者が危うい足取りで歩くのを見ると、人類愛に目

覚めて「持ちましょうか？」の声でも掛けたくなる。ひどいのは老人センターの入口すら急坂の途中にあり、「殺す気か？」とブチ切れる高齢者がいてもおかしくない。
　そして、道の入り組み方も半端ではなく、明らかに街の人口と道のサイズが釣り合っていない。斜面に家が立ち並ぶさまはある意味壮観ではあるが、傾斜があるため「家の玄関から、ちょっと低くなった隣の家の1階のベランダが丸見えでこっちが恥ずかしい」（鈴蘭台住民・談）と不要なトラブルを招きそうな住宅事情もある。
　駅前はいつもごった返しており、じいちゃん、ばあちゃん、買い物のおばちゃん、学生、神鉄バス（ロータリーがない！）、タクシー、

道行く人は、高齢者ばかり。活気のかけらも感じない街並みは、もはやゴーストタウン!?

そして慢性的に軽く渋滞している車列でゴチャゴチャしているのが鈴蘭台駅前の偽らざる姿だろう。

　神戸市も危険性に気付いたのかついに再開発計画を決定。同地在住30年の知人曰く「駅前再開発は小さなころから何度も言われていた」らしく、もはや住民は都市伝説並に信じていないようだ。

トラウマ級の鈴蘭台山岳ラリー

　ただ、この街に潜む危険は住民だけでなく訪れた者にとっても同様である。誰が付けたか近年の異名は「神戸のチベット」。確かにこっちの方が軽井沢よりしっくりくる。まず、先ほども書いた道幅

「神戸のチベット」の異名の通り、住宅街が立ち並ぶ急斜面の坂道には、住民も困り果てている

の狭さがえげつない。すり鉢形状もあいまって、もはや蟻地獄である。狭い道の両側をよろけながら歩く高齢者、登校時にゼエゼエと苦労した分を取り戻すかのように全速力で駆け下りてくる自転車高校生集団といった難関をすり抜けつつ、ひたすら迷うハメになる。

「地元の人は区別がつくけど、よその人にはどの道も一緒に見えるみたい。だから友だちに車で送ってもらうときには、帰りに迷わないように家の手前の大きな道で降ろしてもらってるんです」（鈴蘭台在住大学生・談）という気遣いがことさらありがたく感じられる魔境である。

　浜側の住民にとって鈴蘭台ラリーにナビは必須だが、もうひとつ欠かせないものがある。それは冬場の雪への備えだ。「うちの車は当然スタッドレス。自宅前は急坂だし、車庫からも出れないからね」と地元民は当たり前のように語るが、そもそもそれ自体が温暖な浜側の住民からは信じられない。

　そして、この鈴蘭台があくまで北区の入口に過ぎないという事実を知り、さらに愕然とするのである。これ以上、外部人のトラウマを増やさないためにも神戸市には早急に再開発を進めてもらいたい。

新神戸トンネルもトンネル落下を懸念!?

　新神戸トンネルは北区と神戸中心部をダイレクトにつなぐトンネルとして1976年に開通。ただ、なぜか最近値上がり（普通車現金だと400円が500円）など割高な料金設定もあり、時間がかかっても有馬街道や六甲有料道路を利用する向きも多い。昨年トンネル事故があった中央道の笹子トンネルと同じく天井板がある構造であるため、2014年度に約40億円の費用を投じて天井板を撤去することがすでに決まっている。

神戸の端っこ鹿の子台はアウトレットで逆転なるか!?

鹿の子台と神戸市役所の位置関係MAP

もはやこれは三田です
神戸市北東端の街

どうせ言っても伝わらないからと地元民すら「三田らへん」と適当に紹介してしまいがちな鹿の子台は、神戸・三田を中心とした複合機能都市（なんかこんなのあちこちにあるよなあ）を目指す神戸リサーチパークの第一地区である。街開きがなされたのは、1991年。コンセプトでいけば、同じく神戸市の端にあたる西神中央と同様に職住近接型の街造りを志向している。いちおう、鹿の子台と上津台が住宅用地、赤松台が工場用地として開発が進められ、赤松台にはキリンビールなど大手企業の工場や拠点が置かれている。

お隣の上津台も、当初は同じようになにもないエリアであった。しかし上津台にはアウトレットや大型ショッピングセンターができるなど微妙に格差が生まれつつある。「最近便利になったね」と笑顔を見せつつも、鹿の子台住民にとっては悔しくて羨ましい部分だろう（浜側の住民からしたらどっちも一緒。というか三田や西宮市山口町との区別すらついてない）。

シンプルに直線距離で見るならば、鹿の子台北町起点で三田市役所までは約2・5キロ、かたや神戸市役所までは約20キロの道のり。三田中心部、あるいは上津台や藤原台周辺などが日常の生活圏となる。住民によれば「三宮に買い物に行く」というのはもはや1日がかりの立派な予定（日帰り旅行？）であり、決して気軽なものではないようだ。街は、緑豊かな北神戸の魅力をふんだんに生かした造りで、テニスコートなどスポーツ施

設も多い。すぐ近くにはプロ野球オリックス2軍の試合も開催されるあじさいスタジアム北神戸（3000人収容）も。コアなプロ野球ファンに言わせると、あじさいスタジアムはナイター設備もあり、球場としてはスマートでかっこいいものの、アクセスの難度の高さがファンの間でも有名らしい。

街に本屋がないのに パチンコ屋はある

　住民が誇れるものといえば、街の名の由来になった温泉とケーズデンキ&ナフコくらいだろうか。ただ、もともと住宅地としての開発を優先したせいか微妙に生活利便施設がないことはこの街の泣き所といえる。例えば本屋が町内には一切なく、住民たちは三田市街地へ行ったり、三宮や大阪などの都会に買い物に出たついでに本を買うことを余儀なくされている。ボディブローのように地味に効いてくる不便さである。

「これってどこの農村地帯やねん」と思うけど、ここもちゃんと神戸市の一部なんです

　そして、よく言えば落ち着いた、悪く言えば味気ない街並みで、若者がたむろできる居場所がまったくない点も、いかにもニュータウンを思わせる（神鉄の駅前に集まっても切ない）。田園地帯を車やバイクで走っても面白くないのか、地方都市にありがちな暴走族の存在も界隈では見掛けない。

　街づくりに際してターゲットとなったのはやはり子育て世代になるだろう（と、物件紹介などでも謳われている）。鹿の子台の少年サッカーチームには100人近いメンバーが揃うなど「同じ年代の子どもを持つ家庭が多いし、新しい住民が多いので付き合いがあっさりしている」（垂水区より転居した主婦・談）と新興住宅地ならではの気楽さも人気の秘密のよう。

鹿の子台住民は近隣の大型ショッピングモールを愛用しつつもそこはかとなく羨ましい

　しかし明確に「文教地区」「子育て地区」といったお墨付きがあるわけでもないことがつらい部分でもある。「引っ越してすぐに、近くにパチンコ屋ができたのがショック。子どもが多いエリアなんだから、神戸市も許可を出さなきゃいいのに」という声も後の祭り。隣町にはほぼ同時期に賑やかなアウトレットができ、自分の街にはパチンコ屋では、住民たちのがっかりもさぞ大きかったに違いない。

　確かにこの街には自然が多いし、公園も多い。道幅もメリハリが利いている。パチンコ屋がひとつくらいできようとも、治安が乱れたという話もない。ただ、「で、どうなりたいの？」という街の方向性がイマイチ伝わってこない点が、低い知名度の原因な気がしてならない。いっそのこと学校でも誘致して、子育てと教育の街に思いっきりシフトしたほうがブランディングになりそうな気もするが。

昔の伝承が有名？ 鹿之子温泉

　立派な露天風呂やサウナも備えられた鹿之子温泉（かのこの湯）は地元で長く愛される天然温泉だ。鹿の子台という町名の由来も、「昔、傷ついた小鹿がここの湯で傷をいやした」という古い伝承に基づいている。ただ、鹿の子台住民にとって残念なのは、街のルーツであるこの温泉も住所を見れば「神戸市北区長尾町」にあること。規模はかなり違うけど、ディズニーランドが千葉にあるみたいなもんだろうか？

存続厳しい粟生線 神戸電鉄はもっとPRしないと

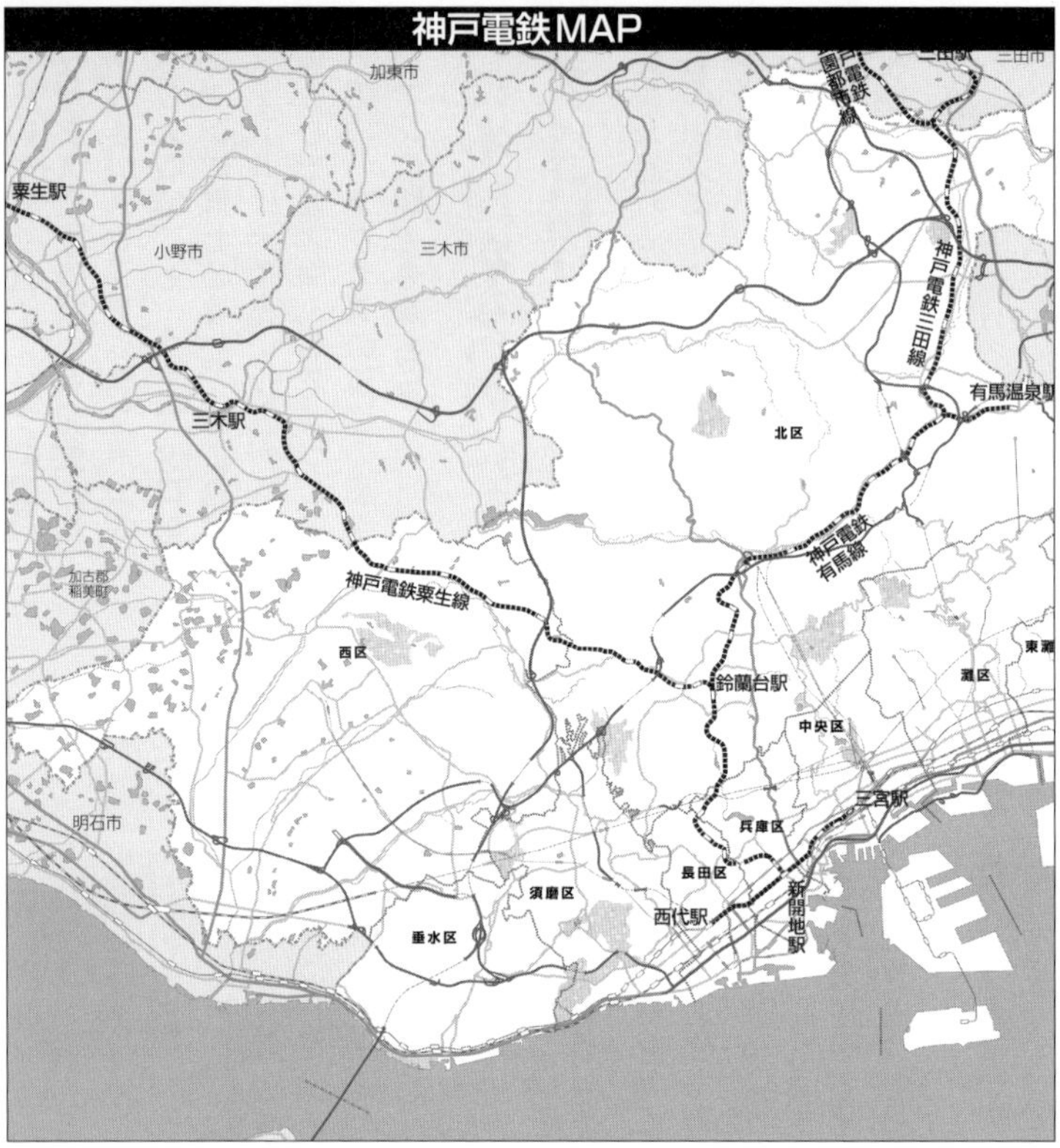

北区を牛耳る神戸電鉄

浜側の住民にとって「神戸電鉄に乗って出かける」というのはそれだけでダウナー要素を含む行動だ。イケてないイメージを抱かれる最大の要因は、高い（新開地～鈴蘭台で大人４５０円とＪＲの三ノ宮～大阪よりも高い）遅い（とにかく時間がかかる）、三宮につながっていない（なんで新開地まででやねん）、ボロい（数年前までクーラーがついていない車両があった）、沿線が暗い（とにかく人家の灯りが少ないところが多々ある）など４拍子も５拍子もそろっているものの、北区民にとっては欠かせない生活の足なのだ。

ただ、「北区＝神戸電鉄」というイメージは強いものの、近年ではその牙城も崩れつつある。具体的には赤字が続く粟生線の廃止を巡ってすでに危険水域に入っている（すでに粟生線の一部では本数を減らしての営業がスタート）。住民たちも普段は文句を言うくせに、なくなってしまえば困ることは間違いなく、北区～三木～小野あたりでは事態の推移に高い関心を持って見守っている。

一応は、京阪神を牛耳る阪急阪神ホールディングスの一員であるものの、オシャレ感は皆無。車内で放送される沿線の企業や商店の広告ＰＲが必要以上の生活感を醸し出す。沿線開発はグループのお得意手段ではあるものの、神鉄の場合はそのへんもイマイチ。最大にして唯一の観光地である有馬温泉にホテルや温泉を持っていること以外は、大掛かりなところではゴルフ場くらい。ちなみに、有馬

温泉駅近くの釣り堀「有馬ます池」も神鉄の運営だ（いかにも神鉄な施設に感じる）。地味に驚くのは、遊覧船の発着などで知られる中突堤の「かもめりあ」の指定管理を行っていることくらいか（やはり神戸を名乗る会社として海に出るのは悲願だったのだろうか）。

もうこうなったら、勝手に住民たちから聞いた「これでいいのか神戸電鉄」を紹介しておくので、関係者の方にはぜひ読んでもらいたい。まず、これは押部谷（粟生線）の住民から。曰く、「微妙に混んでいる」のも神鉄を敬遠しがちなポイント。例えば新開地駅からだとおおよそ10～15分間隔での発車となるが、その間に阪急や阪神が数本到着し、その分の乗客を運ぶため、帰宅ラッシュ時などはかなり混み合うのが限りなくイヤらしい。押部谷～三木方面の住民は三宮からの直通バス利用者なども多いが、ここを改善するだけで多少は乗客増が期待できるのではなかろうか。続いては、唐櫃台（有馬線）の住民から。三宮の会社までは北神急行との併用らしいのだが、ここでもアクセスの悪さが目立つようだ。特にキツいのが冬場の夜で、最大の危険は「寒さがハンパない」こと。北神急行はライバル的な存在なのはもちろん分かる。しかし、ここは共倒れを防ぐためにもより連動性を持ったダイヤの設定が必要では（北神急行と合併したほうがいいという声は以前からよく聞かれる）。

さらには、同じく有馬線利用者が語る「意味不明な列車の種別をもっとシンプルにしろ」（これは、浜側の住民としても痛感する）。普通電車のほかに、準急、急行、快速、その上にさらに特快速（特急ちゃうんかい！）がありビミョーに停車駅が異なるのだ。確かにホームページを確認してみると、特快速と急行の違いすら分かりにくい。第三者目線で見ても、「これぞムダ」としか言いようがない。最後に番外編で「北区のさらに向こう」の三木駅の利用者から。どうも粟生線の存続問題が持ち上がって以降、駅の構内や電車内などで「もっと利用を」と呼びかけるポスターなどを掲出しているようなのだが、そもそもそこにいるのは「すでに利用者」なのだからあまり意味がないのではなかろうか？　ぶっちゃけ神戸の中心部ではそういったトピックがあることすらほぼ知られておらず、そっちの方が問題である。廃線問題なんてのは遠い過疎地の話題だと捉えていて、まさか神戸市内でそんなことがあるとは夢にも思っていない。むしろそういった層にこそ「いま神鉄がピンチです！」というアピールを積極的に図るべきではないだろうか？

とにかく見た目からしてレトロ感あふれる神鉄。ときには「登山電車」と揶揄されることも

駅の施設の老朽化や人のいなさが厳しい経営状態を物語る。夜にひとりだと怖いやろ～

北神急行は運賃が高すぎる！

神戸人に北神急行のイメージを聞くと、ほぼ間違いなく「高い!」という声が返ってくるはずだ。新神戸～谷上のわずかひと駅で大人料金350円は、極悪すぎる価格設定としか言いようがない。高価格は利用者離れを明白に招いており、2011年度末決算までに200億円を超える巨大な赤字を抱えている。このデフレの時代、薄利多売に徹した営業に思い切って舵をとるしか生き延びる道はないと思うのだが……。

有馬温泉にいらっしゃい！

有馬温泉をして「関西の奥座敷」などという表現は使い古されていることこの上ない。しかしながら、まさにそうとしか言いようがないのも事実であり、関西から手軽に足を運べる温泉地として近畿一円から湯治客を集めている。意外なようだが、北区の住民はあまり行くことはないらしい（確かに、地元過ぎるとまったく旅情がないもんなあ）。ただ、気軽に足を運べる＝便利ってことはそれなりにお値段も張ってしまうことになる。神戸人にとって「あり～まひょうえ～のこっうようかっくへ♪」のCMソングでおなじみの「向陽閣」なども地元感（というかサンテレビ感）丸出しのテイストでつい軽んじてしまいがちだが、実は創業700年の歴史を誇る高級旅館だったりするのである。たいていの神戸人にとっても有馬温泉はたまの親孝行や親戚の集まりの際に使うくらいで、ぶっちゃけ市内にあるありがたみはそこまで大きくない気もする。

それでも、「金の湯」「銀の湯」といった外湯の充実や日帰りのプランが増えていることもあって、かつてよりはかなり敷居が下がっていることは間違いない。外湯ができたことで温泉街散策という楽しみ方も増え、浴衣姿のべっぴんさんが街を歩く姿も新しい楽しみになっている（平均年齢が高いのはこの際目をつぶることにしよう）。でも、この「金の湯」ってのがなかなかクセものなんだよな～。確かに赤茶色をした泉質はここならではの名物なんだけど、「なんかヌルヌルしててイヤ」「汚れるからイヤ」と、銀泉だけの入浴で済ませるという湯治客も多い（リピーターにありがちやけど、それならほかの温泉行けよ！）。

また、名物の山椒や黒豆を使った料理やスイーツを出す店もあちこちに登場しており、温泉街をあげて新たなファンの獲得に取り組んでいる様子が見て取れる。神戸市民にとっては、「有馬温泉＝炭酸煎餅」のイメージしかなく、幼少のころからいろんな人にもらいすぎてもはや飽きてきた感もあるだろうが、おみやげバラエティは以前とは比べ物にならないほど豊富になっている（炭酸煎餅は決してマズくはないんだけど、なんか素っ気ないのがな～）。個人的には瓶詰で売っているサイダーが、絶妙な甘さ加減でイチオシだ。長らく足を運んでいないのなら温泉街全体の充実（てか、アップデート？）にビックリすることも多いはず。家族サービスで六甲山や三田のアウトレットに行くついでに、久々に立ち寄ってみては？

第5章

アンチ体育会系頭脳派かハデ派が学生の主流!?

オシャレで洗練を愛する神戸人マインドは、名門私立やインターナショナルスクールが根付いた教育によって洗脳のように次世代へと継承される。一方でスポーツの偏差値はかな〜り低め。なにごとにもアツくなりすぎるのは、神戸人にとってはカッコ悪いことなのかも？

充実の外国人向け教育 ただし問題もそれなりに……

公立私立だけでない 神戸教育の〝第三極〟

江戸末期の1868年。神戸は日本が近代化へと大きく舵を取ろうとしているその最中、港が開かれ居留地などを筆頭に外国人のなじみ深い都市となった。それゆえ開港から140年以上経過した現在も外国人が多く住んでいる。

ただ、街中に古い洋館が多数残っていることから、イメージだけが一人歩きしていることも考えられるので、実際にどれくらいの外国人が住んでいるのかを数字を調べてみると……全体では4万2308人（2013年）。市の人口が全体で約153万人であるから、市内の住人のうち約2パーセント強が外国人ということになる。

これは日本一の中華街を誇る横浜市よりも比率としては高く（2パーセント・人数にすると7万5007人・2013年4月）、大方のイメージ通り、外国人はかなり多いわけだ。でも、そうなると外国人の子弟もたくさんいるわけで、この項ではそうした「外国人の教育事情」を見ていきたい。

外国人が多いから、インターナショナルスクールという発想が一般的かもしれないが、ここでいう外国人は戸籍上の国籍は外国人だが、生まれも言葉も日本人そのものという人も結構いるのが特徴。それゆえ、地元の公立小学校や中学校でも、学年にひとりやふたりは外国籍のツレがいたりして「昨日、リチャードがなぁ～」と日常的に欧米系・アジア系の名前＋神戸弁という会話が聞こえてくる。学校に限らず家のご近所にもいろんな国籍の人がいたりする。むし

ろ、大阪人なんかよりは同じ地域で育った外国籍の幼馴染のほうが仲間であり、人種の問題も、神戸はかなりリベラルと言える。

　とはいえ、こうした在留外国人の教育の核を担うのは、やはり一般の公立校ではなく各種のインターナショナルスクールになる。左の表には神戸の主なインターナショナルスクールを取り上げてみた。神戸中華同文学校はその名の通り中国人や台湾人の子弟が通う学校。そのほかに関しては欧米系、インド系を中心とした諸国の子弟たちと、国際色豊かな環境に惹かれた日本人家庭の子どもたちから構成される（教育費が高いので坊ちゃんが多い）。就学期間も学校によってまちまちであり、早ければ日本の幼稚園くらいから多国籍な教育環境に身を置くことになる。そりゃ、その歳からいろんな言語に触れたらマルチリンガルになれるよな～と納得せざるを得ない。

神戸の主なインターナショナルスクール一覧

学校名	期間
神戸カナディアンアカデミー	４歳～高校
聖ミカエルインターナショナルスクール	3歳～小学校
神戸ドイツ学院	幼稚園～小学校
マリストブラザーズインターナショナルスクール	3歳～高校
神戸中華同文学校	小学校～中学校

※各種資料より作成

六甲アイランドには外国人子弟がいっぱい

　数あるインターナショナルスクールの中でも、最初に名前が挙がるのが、かつては六甲山麓の灘区長峰地区にあり現在は六甲アイランドに校舎を構える神戸カナディアン・アカデミーだ。別にカナディアンと謳っているからと言ってカナダ人限定の学校ではなく、広く生徒を募っており、現在も生徒の約半数は日本国籍だ。

　こちらの設立は１９１３年。２０１３年はちょうど１００周年の節目であり、あらためてはるか昔から神戸にはたくさんの外国人がともに暮らしていたことを感じさせられる。同じく、神戸ドイツ学院も所在地は六甲アイランド。六甲アイランドには１９９３年に株式会社Ｐ＆Ｇの日本本社が置かれる（とはいうものの、間もなく移転する予定）など外資系企業やその関係者が多く住んでいたことが立地選定のポイントになったようだ。ちなみにかつては同じ島内にルーテル国際学園ノルウェー学校も置かれていたが、生徒数の減少等により現在は閉校している。

そういえば、阪神タイガースやオリックス・バファローズなど在阪プロ野球球団の〝助っ人〟外国人選手たちの住まいも六甲アイランドの高級マンションであることが多い。これもやはり日本に暮らす外国人にとって好ましい教育環境が整っているのだろう。

　こうしたインターナショナルスクールとは学校同士の交流もあり、スポーツの試合等が組まれることも多い。「試合中はビックリするくらい熱くなって味方同士でもヒートアップしてるけど、終わったらやたらとナイスガイ」（市内高校元バスケ部員）と、文化の違いを肌で感じる機会でもあったりする。あと、インターナショナルスクールと試合すると存在がウザいのが、「俺ってお前らと違うし」的オーラをまとい、外国人とこれみよがしに打ち解けた感をアピールする日本人在学生の存在（貧乏人の僻みかもしれないけど……）。でも、だいたいどの競技でもそんなやつおんねんな～。

　しかし、インターナショナルスクールは必ずしもいい評判ばかりではないことも触れておきたい。特に東灘区あたりの住民がよく口にするのが、生徒たちの電車のマナーの問題だ。六甲ライナーでは毎朝・夕にインターナショナルスクールの生徒たちの通学風景が見られるが、確かにデカい声で喋るは、傍若無人にスペースを占拠するはで目に余るときもある（まあ、日本の高校生も同じようなもので髪の毛の色や目の色が違うから目立つという面もあるだろうが）。

　そして、これは在留20年近くになるインド人から聞いた話だが、高い学費の問題も。例えば、カナディアン・アカデミーのエレメンタリースクール（小学校に相当）の場合、年間授業料は約１８０万円で、ミドルスクール以降になると２００万円を超える。ここにさらに設備費などの諸経費が加わり、一般家庭には重い負担に。経済的な事情から日本の公立校を選択する外国人家庭もある。とはいえ、大して広くもない街の中にこれだけ国際色豊かな学校があるのは神戸ならでは。自分にも将来金があったら……子どもを入学させたいと思うくらいには、魅力的なのだ。

目指せ灘高！失敗しない高校教育の今

天下に名を轟かす灘はまさに別格！

「2012年度東大・80人合格」

これが灘高の実力である。今更ではあるが、ここでちょっと灘高校のおさらいをすると、クラスの半分以上が東大に進学する、日本屈指のエリート高校で、中学も併設している男子校である。住所は兵庫県東灘区。私立とはいえ、神戸市民にとっては通学圏内ということもあり、神戸市在住の秀才なら一度は目指す、というのがご定番のようだ。

さて、そんなガッチガチのエリートイメージのある灘高生だが、近隣市民にその実態を聞いてみた。

「JR住吉駅で見かけたね。灘高生だと思うけど、皆、ズボンの中へシャツを入れて、真面目だね」

神戸市トピックス

スポーツエリートの現状と対策

公立・私立を問わずに名門校が点在する神戸ではあるものの、スポーツに関する偏差値は全体的に低い。

神戸人だけが極端に運動能力に劣るわけではなく、根本的な理由は人材の流出にある。典型的な例が垂水区出身の香川真司。当初は神戸のクラブに所属していたものの、中学生のときに仙台にサッカー留学を果たし、今では世界で戦っている。サッカーの場合は関西にJリーグチームも多く、有力選手がそちらに流れることも見逃せない。また、野球なら大阪の有力校や報徳学園や東洋大姫路、ラグビーなら啓光学園といった具合になまじ大阪にも近くて強豪校が通学圏にあることも、間違いなく市のスポーツの空洞化を招いている。

人材が流出することも問題ではあるが、一方で他県からでも有力選手を引きつ

頭のいい学校ほど、規則がゆるい。灘高はその模範的な例で、制服はなく私服通学である。他のエリート高にはそれをいいことに、一般レベルの高校なら規則違反になるような服装を特権階級的に楽しんじゃおう！ といった発想もあるが、灘高ぐらいのレベルになるとそういった子どもらしさはあまり感じない。むしろ

・中学時代から四季報を読む
・友人同士で「天才」と呼びあう
・テストを見た瞬間に答えが透けて見えてくる
・東大の入試会場でジャンプを読んでいた。が、合格する

有名高校偏差値ランキング

ランキング	高校名	偏差値
1位	灘高校	79
2位	六甲高校	70
3位	長田高校	69
4位	須磨学園高校	68
5位	兵庫高校	67
6位	神戸高校	67
7位	星陵高校	66
8位	神戸海星女子学院高校	66
9位	北須磨高校	65
10位	葺合高校	63

※高校偏差値ナビホームページより作成

（いずれもOB談）

ちょっと眉唾な話であったが、勉強において「漫画のようなエリート」が本当に存在しているようだ。前出の灘高校は神戸市内の学校ではあるものの、あまりにもとび抜けた偏差値ゆえ、全国区の存在。なので、本当の意味で地元ローカル的なブランドを有しているのは、甲南&甲南女子の「甲南ブランド」だ。

ことに神戸市内での威光はピカイチで、まさに内弁慶状態。大学もエスカレーターで進学できる。そのせいか、地元企業や商店主には根強い人気で、国際化著しい現在の世にあってもやたらと子息を甲南へ行かせたがる。もちろん、この進路を子どもたちにプッシュする本音は「もちろん、家から出て行って欲しくないからですよ。なまじ賢いところに行って上京でもしたらきっと跡も継いでくれないでしょうし。それに幼稚園から大学まであるので、バカでも入れてしまえばなんとかなる」（神戸の事業家・談）

灘高の近くを流れる住吉川。右側に見える宮殿のような建物は実は住宅地

親心ならぬ、子離れできない親の事情があるようだ。ただ、本当に家業を継ぐなら、甲南人脈はそれなりに使い勝手がいいという一面も無視できない。ただ、過保護によるヤワな学生が量産されそう。ちょっと日本の将来が心配ではあるが……どうなんでしょ？

さて、ここまでは神戸市の東部の高校の話だが、これからは西部の話。神戸の偏差値事情は「東高西低」であり、よってこれからは反ガリベン組の学生をピックアップしてみよう。西神戸の特徴はとかくヤンチャということ。そのバカさ加減ゆえ「チロリン村」という異名を持つ村野◯業あたりがその筆頭格か。ひと昔前は「毎日ガラスが割れるから出入りの業者が生徒よりも登校した」という伝説も残る。とはいえ「高校に通わんよりはいいやろ」（地元住民・談）という親心（？）もあってか、東部から通う生徒も意外に多いとか。

ける名物監督が少ないことも理由だろう。市内の学校スポーツとしては珍しく全国でも華々しい実績を上げた須磨女子陸上競技部の長谷川監督、あるいはサッカーの滝川第二を率いた黒田監督など、躍進の陰には必ず名指導者の存在があったが、近年ではどの競技でも取り立てて有名な指導者の存在は聞かれない。まずは指導者の育成と招聘に力を注ぐことが大切なのではないだろうか。

もちろん、東北あたりの新興私学宜しく陸上にはケニア人、サッカーにはブラジル人あたりを呼ぶ手もあるが、ええかっこしいの神戸人にそんな恥知らずなことはできないんだろう。

日本代表を数多く輩出する滝川第二のサッカーは、神戸の高校スポーツ界では超珍しい成功例

有名私立が公立より上？派手さがウリの大学事情

あるようでないのが神戸のリアル大学事情

神戸市内にはそれなりに大学はある。が、意外に名の知れた「名門」が少ないことを、今回の取材で再認識し驚かされた。街の規模の割には、残念な結果である。

まあ、ガッカリするのはとりあえずおいといて、まずは神戸ならではの大学事情を追ってみよう。

神戸で「イケてる」（もしくは「イカしてる」）イメージで通っている大学をあげると、男は圧倒的に甲南だろう。神戸市内でその名を名乗れば（阪神間位までは通用するかな）モテ度が20パーセントくらいは、大げさではなくアップする（全員とはいわないが……）。甲南は地元企業の跡取り候補たちが付属の中高、下手したら幼稚園からエスカレーターで進学。「親同士が取引先」なんてことも狭い神戸ではざらで、派手なボンボンイメージを形成する。バブル華やかなりし頃には、学校の前の道にベンツやBMWがズラリと並んだ。

一方で、「勉強も遊びも……なんちゅうか、中途半端なヤツが多いんよ」というのが卒業生の弁。確かに、規模や偏差値だけみればどこにでもある中堅私大だが、出身者が神戸で社長になり、そのまた息子が甲南へ入学しというサイクルを2代、3代と繰り返し、神戸経済界に確かなネットワークを構築しているのは強みだ。

そして、女子はといえば「神戸嬢」の総本山ともいえる南女&松蔭が別格の2強扱い。２０００年代前半からは在学生が次々と女性ファッション誌の読者モデルとして人気を集め、いまやその知名度

私立公立大学勢力図

	モテるランキング【男】	モテるランキング【女】	派手ランキング【女】	賢いランキング	キャンパス僻地ランキング
	学校名				
1位	甲南大	神戸松蔭女子大	甲南女子大	神戸大学	神戸学院大学（有瀬）
2位	神戸大	甲南女子大	神戸松蔭女子大	神戸薬科大学	神戸親和女子大学
3位	該当なし	該当なし	神戸山手女子大	神戸市外大	神戸国際大学

※独自調査より作成

は全国区に。彼女らにとって「かわいい＆オシャレ」が大学生の本分。現在は地元のお嬢様＋大学デビューを目論む女子たち（ダイヤの原石？）で構成される。クルックルの明るい巻髪にブランド物のバッグを持ち、通学の際も頻繁にタクシーを使ったりするのが特徴で（もちろん全員ではないよ）、「タクシーが香水臭くなるのがかなわんくて窓開けて走ってるよ。でもええお客さんなことに間違いはない」（タクシー運転手・談）。そして、松蔭卒業生の自称「程よくバカだからモテる」とは言い得て妙な自己分析だろう。

私大では、神戸学院大学なんかもそこそこ規模は大きいものの、ほぼ明石市という立地がツラすぎる。しかし、「神戸学院」というそこはかとなくオシャレな響きに惹かれて、語感だけで受験する地方の受験生も多いらしい。

彼らが夢見るのはもちろん、「港町・神戸」でのひとり暮らし。学校帰りには海辺を散策し、オシャレなカフェを行きつけにするはずだったのだ。市内の飲食店でバイトして、旧居留地あたりでショッピングを楽しむ計画もあったろう。そして、他大学に通う恋人とビーナスブリッジで夜景を見て、北野あたりのホテルで愛をささやきあうはずだったに違いない（以上が定番のデートコース）。

しかし、下宿選びに来て夢は一瞬で打ち砕かれる。三宮に出るには１時間もかかるし、そもそもバイトできそうな店すら少ない（原付か車がないと行動は不可能だ）。校門の前にあるのがおいしい豚骨ラーメンの店であることを知って、これからの４年間が思い描いたものと大きく異なることを肝に銘じざるを得ない。静けさだけが取り柄の下宿にいると、聞こえてくるのは鈴虫の羽音……かと思いきや、実際は暴走族が奏でるエンジン音。「神戸に来たのに」と同じ境遇の仲間と下宿でグチるほかない。

神大は一応あるけど やっぱり私学が中心に

もちろん、唯一の国立大学は、市内ではそれなりの地位を築いている。といっても、関東で「神大」といっても箱根駅伝で有名な「神奈川大学」と間違われる（出身者談）あたりがそのブランド力を如実に示す。神奈川大学は私学だし、オツムのレベル的には勝ってるけどね。神大では、２０１３年４月に文学部の学生がＵＳＪで狼藉をはたらき、ネットの掲示板が炎上したことも記憶に新しい。その際に、なぜか大学が謝罪するという斬新な幕引きをはかり「最近の大学はムダに面倒見がいい」と世間を唖然とさせた（殺人犯ならどう対処する？）。

神大でその程度だから、ほかの公立校は推してしるべし。やはり、神戸の大学事情は今後も私学が中心になりそうだ（というか、層が薄すぎ）。２００７年にはポートアイランドに神戸学院大学など４大学のキャンパスが相次いでオープン。港町での学びという神戸ならではの付加価値も受験生を引き付けているようだ。（ポーアイが意外に不便というのは、入学後に気づくんだけどね）。

岡本駅前で見かけたオシャレ系女子。なんとなく上品に見えるのも神戸マジックか

庶民の街に根ざしたINAC神戸のなでしこたち

突然はじまった なでしこフィーバー

2011年7月にいきなりはじまったなでしこフィーバーは全国に瞬く間に広がっていった。神戸がその震源地のひとつとなり、普段はスポーツにたいして熱狂しない神戸人がブームに乗っかっていたのは奇妙な構図だった。

ブーム初期において決定的だったのは、なでしこJAPANにやたらとINAC神戸レオネッサ所属の選手がいたことだろう。同クラブの設立は2001年11月。地元・神戸に本社を置く株式会社アスコホールディングスが設立した総合スポーツクラブ「アイナック」の女子サッカー部門である。Lリーグ（なでしこリーグの前身）には2005年より加入し、わずか1年で1部に昇格。ワールドカップと同年の2011年には初のなでしこリーグ制覇も果たした。

いろんな意味でインパクト抜群の頼れるキャプテン・澤穂希、スーパーサブとして大活躍した川澄奈穂美などワールドカップでは7人もの所属選手が世界一に貢献。男子サッカーすら盛り上がらない神戸で、まさか女子サッカーが脚光を浴びるなど本人たちも含め誰も考えていなかったはずだ。

実は神戸にはINAC神戸以前にも女子のチームがあり、神戸と女子サッカーの関係は意外と古い。日本女子サッカーリーグに草創期から参加し、2008年に休部したTASAKIペルーレFCは時折、市内の中学校とも練習試合を組んでいたため神戸のサッカー少年なら「カラダ触ったらファウルかな？」「おっぱいを肩で押すな

ら大丈夫」と中学生丸出しの会話をした記憶があるかもしれない。

神戸のスポーツを託されたなでしこたち

ワールドカップ終了後、神戸のあちこちで、いきなり「感動をありがとう」みたいなセールが始まったり、店頭にチームのポスターを張り出す商店などが続々と登場（その前にもらってたけど絶対に貼ってなかっただけやん）。中でも、一大フィーバーとなったのは、選手たちがよく買い物をしていたという中央区春日野道の大安亭市場だろう。普段は漬物の匂いが漂う市場ではパブリックビューイングまで行われ、市場の店主たちは誇らしげにインタビューに登場。「普段はこんな格好で来てるよ」と個人情報など一切ぶっ飛ばした商店主たちの対応は、もはや完全にかわいい娘たちを手放しで褒め称える親戚のおっさんのノリであった。

もちろん本業のほうでも大人気で、練習場にもたくさんの人が押し掛け、W杯後の最初の試合（VS岡山湯郷）では2万1236人と女子リーグの最多動員数を記録。なでしこ&INAC神戸は、久々に登場した神戸のスポーツにおけるスターとなった。観光情報誌の表紙にもなぜか彼女らが登場し、INACのスポンサーである「黒糖ドーナツ棒」（ネーミングが若干エロい）を彼女らが「おいしい」と言えば売り上げ急増。トラブル回避のためクラブ側から変装指令が下されるなど、市場のおっさんのかわいい娘たちは、少しずつ手の届かない存在となっていった。

最近市場の人に聞くと「もう、ここに来てもあまり会えないよ」と寂しそうに答えていた。さすがにひとところのブームは落ち着いたものの、INAC神戸はリーグ戦で2年以上に渡って無敗を続けており、今後も女子サッカーを引っ張る存在であり続けるだろう。

一方、立場がないのは男子サッカーのヴィッセル神戸だ。こちらの誕生の経緯はかなり複雑。実は、Jリーグ発足時に神戸にプロチームを誘致する動きがあったが、ヤンマーサッカー部（セレッソ大阪の前身）など複数の企業クラブとの交渉が挫折。その後、当時岡山県に本拠地を置いていた川崎製鉄水島サッカー部を誘致（というか強奪？）する形で誕生した。震災の影響で初期のメインスポンサーである株式会社ダイエーが早々に撤退するなど設立当初から財政面で苦労を続け、成績も伸び悩んだ。2004年からは楽天株式会社の創業者として知られる三木谷浩史氏がオーナーとなったが、苦しい戦いは続き、2006、そして現在の2013シーズンはJ2での戦いを余儀なくされている。

両チームがホームグラウンドとする神戸ウイングスタジアム（2007〜2012年まではホームズスタジアム神戸）は、今年から「ノエビアスタジアム神戸」と名前を変えたが、ネーミングライツの契約にあたっても「ヴィッセルではなくINAC神戸を通じた露出を狙ったのでは」と関係者の間でまことしやかにささやかれている。

実際に昨年度のINAC神戸ホームゲームでの平均観客動員数6300人はJ2の平均5800人を上回っており、このウワサもあながち的外れなものではなさそうだ。とまあ、しばらくは女＞男の逆転が起きそうな神戸サッカー事情であるが、この際「女子サッカーの街」と謳ってしまうのもありな気もする。

神戸市と兵庫サッカー協会も六甲アイランドに神戸レディースフットボールセンターを設立するなど、ひそかに色気を見せている。そのうち、ヴィッセル神戸がINACの男子部になるなんて日も……ってさすがに、ないか。

ここでなでしこに会える！

【スタジアム】	
ノエビアスタジアム	神戸市兵庫区御崎町1-2-2
【練習場】	
神戸レディースフットボールセンター	神戸市東灘区向洋町中7丁目1-1
アスコフットサルパークMAYA	神戸市灘区摩耶埠頭1

※各種資料より作成

「1カ月の食費は3万円で抑える」と豪語した澤穂希選手など、なでしこたちが足繁く通った市場

スポーツと言えば神鋼ラグビー

神戸製鋼コベルコスティーラーズは、珍しく「地元のチーム」として神戸市民に愛され続けるスポーツチームである。2013年には久々に日本選手権決勝にコマを進めるなど長年にわたって日本ラグビー界の中心に位置している。「地元を代表する企業やから」という理由だけでなく、個人的にはやはり日本選手権7連覇当時の主力であった平尾誠司選手のイメージが、神戸っ子のココロにピッタリとハマった部分があったのではないだろうか。イギリス帰りのキャリアにダンディな風貌で、決して大きくはない彼がチームを操り、大男たちを翻弄するそのスタイルそのものが、「洗練」「上質」を好む神戸っ子気質と見事にマッチしていたように思う。もちろんいかにも肉体派の大八木淳史選手などもその個性的な風貌から高い人気を誇ったが、やはり神戸製鋼＝平尾のイメージを持っているファンは多い。前人未到の8連覇をめざした1996年こそ惜しくも敗れてしまったが、震災にも負けずに戦う選手たちに、復興へ向かう自分たちの姿を重ねた被災者も多くいたはずだ。

ただ、このチームが愛されるのは決して強いからだけではない。震災復興の国際チャリティマッチを開催したり、震災10年の節目となった2005年には特別なワッペンを縫い付けて試合に臨むなど地元・神戸を大切にするチームの想いが伝わっていることこそが、人気の理由なのではないだろうか。灘浜グラウンドに行けば気軽に選手たちの練習風景を見ることもできるし、神戸人にとってスティーラーズは「ガタイが良くて気のいい地元の兄ちゃん」みたいな存在なのである。

残念なのは、スティーラーズと並んで関西ラグビー界を盛り上げていたワールドファイティングブルが2009年を最後に休部してしまったことだ。7連覇当時に公式戦71連勝を果たしていた神戸製鋼を止めるなど、「もうひとつの強豪」として存在感を発揮していただけに、そのニュースは非常に残念なものであった（ワールドを応援する天邪鬼なファン？　も結構いた）。最近少し元気がない神戸ラグビーをもう一度盛り上げるためにも、久々の日本一目指して頑張ってもらいたい。

最後にひとつ。スティーラーズのホームページには「選手おすすめの店」を紹介するコーナーが設けられており、界隈のグルメ好きの間では「どの店もハズレがない！」とめちゃくちゃ評判がいい。こんなところにも地元密着の強さと凄みを感じさせられてしまうのであった。

第6章

今考える震災と復興

震災発生から20年弱が経過し、確かに街だけ見ればもう大きな爪痕は残っていない。しかし、いまなお続く復興関連事業や復興住宅の問題は市内に残されている。しかし、最大の問題は、震災以降それを理由にずっと立ち止まっている神戸経済にあるのではないだろうか？

神戸市民に今でも残る阪神・淡路大震災の記憶

©Masahiko OHKUBO 1995

震源・淡路島の情報に愕然

地震の記憶は、同じ神戸人であってもどこに住んでいたかで大きく異なっている。この章では当時神戸にいた人々の証言や実体験をもとに震災を振り返ってみたい。

「揺れもびっくりやったけど、収まった直後に街を見たら、何十カ所も火の手が上がっていて、戦争映画みたいやった。神戸が中心だとはまさか思わへんし、日本が大変なことになったと思った」（神戸市中央区在住者・談）。確かに、浜手の工場地帯から幾筋もの煙が立ち上る光景は、事態の大きさを物語るものだった。近所で火災が発生していても、消防車の1台すら到着する気配はなく、住民たちは、延焼しないうちに火災がおさ

神戸市トピックス
情報がないからこそ広まる事件のウワサ

阪神・淡路大震災直後、被災地では多くの流言が流れ、被災者を不安に陥れた。

これは記憶に新しい2011年に起きた東日本大震災にも共通していえることである。ただ、東日本大震災と違うのは、インターネットなどの通信設備が無いにもかかわらず、というのが特徴だ。クチコミとは本当に恐ろしい。

代表的な流言に「放火魔が残った家に火をつけている」、「レイプ魔が街を跋扈している」といったものだが、なにひとつ実態がつかめるものはなかった（朝●新聞は鬼のクビでもとったように堂々と社説で書きたてていたみたい）。

むしろ、現実的なトラブルとして代表的なものは緊急小口資金貸付に関するものである。家をなくしたり当座の生活資金を欠く人を対象にした緊急の貸付制度だったにも関わらず、「返

まるのを待つことしかできなかった。そしてなにしろ情報がまったくないことが、全員に共通した不安だったように思う。直後から、人々は不安を紛らわすためにそれぞれで手元にある情報を確認しあったが、中には路上にラジオを引っ張り出して聞き入るような姿もあった。ただ、当時は誰も神戸で地震が起こるなどとは思っておらず、「震源が淡路島」と聞いたときはみな一様にビックリしたものだ。

当日に、不安や恐怖を感じていたのは人間だけではなかった。「飼っていたイヌが夕方になるまで震えていた」「どれだけ呼んでも猫がケージから出てこようとしなかった」などペットたちもいきなりの大災害に震えていたのである。もちろん、飼い主にとってペットは家族の一員であるから避難所へ一緒に連れて行くのは当然である。しかし、後に避難所での扱いを巡って多くのトラブルが生まれるなど、ペットたちにとっても大きな災難となる出来事であった。

家のすぐ近くで ガソリンスタンドが爆発！

「当日の午後あたりからの火事で絶対にもうアカンと思った。むしろ地震よりも火のイメージしか残ってない。あと、ガソリンスタンドが爆発するときの音が意外に小さいんやな〜ってぼんやり考えてた」（長田区在住者・談）。市内でも早い地域では当日の夕方〜夜に電気のみは復旧していたが、テレビをつけた瞬間に飛び込んできた長田の大火災は、同じ神戸市のものとは思えなかったことだろう。

まさに長田の靴卸売業が実家だった前述の長田在住の彼は、家族総出で須磨方面へと逃げて難を逃れている。後になって、「ケミカルシューズに使用する揮発性の素材や油などが延焼を早めた」などの説も出されていたが、とにかくこの火事で小さな工場がひしめきあっていた長田のケミカルシューズ産業は一時的にほぼ壊滅することとなった。しかし、「ガソリンスタンドの爆発」など映画の中でしか見ない光景であるが、本人はかなり冷静に見ていたらしい。圧倒的な事態を前にして、感覚が麻痺していたのはきっと彼だけではない。暖房が使えない1月は相当に寒いはずだが、「寒かった」という記憶を残す被災者が少ないこともその一例かもしれない。

基本的に、こうした証言は東灘〜垂水区までの海側住民のものだが、比較的被害が軽微だった北区・西区の住民にとってはまた感覚が異なるようである。両区ではライフラインがほぼ無傷だった地区もあり、早くから日常とさほど変わらない暮らしを取り戻していた。「皆勤賞がかかっていたので、学校があるかもしれないと当日に灘区まで自転車で行った」などという猛者もいる（向かう途中にさすがに授業はないと気が付いたようだが……）。そして、ひたすらテレビを見続けていた彼らにとって印象深いのは、ACのCMだったらしい。東日本大震災でも「ポポポポーン」のCMが話題となったが、当時はマラソンの増田明美氏と競輪の中野浩一氏が「ポイ捨て禁止」を啓蒙するものがやたらと流れていたという。

ただ、同じ市内に被害の少ないエリアがあったことは海側の市民にとっても幸運だった。北区や西区に住む知人や親戚が支援物資や水を届けてくれたりと同じ神戸の中でも助け合いが確かにあった。

個人的にも、北区の知人が震災10日目頃に家に招いてくれ、温かいお風呂や揚げ物（それまではカップ麺やパンばかりだった）を振る舞ってくれた思い出が残っている。

さなくてもいいお金が10万円もらえるらしい」というデマが急速に広がり、人が殺到。神戸市内だけでも約4万5000件、約66億円もの資金が貸し付けられたのだが、この際に本人確認を厳密に行わなかったため（これは問題！）、その後多くの踏み倒しが発生することとなった。

また、特に灘区を中心とする東神戸の人々にとって印象深いのが「暴力団からの支援」だろう。震災間もない頃から、水や支援物資を被災者に大量に配る暴力団の姿があった。暴力団の存在云々はともかくとして、そのテキパキとした姿に、さすがの組織力を思わされたものである。

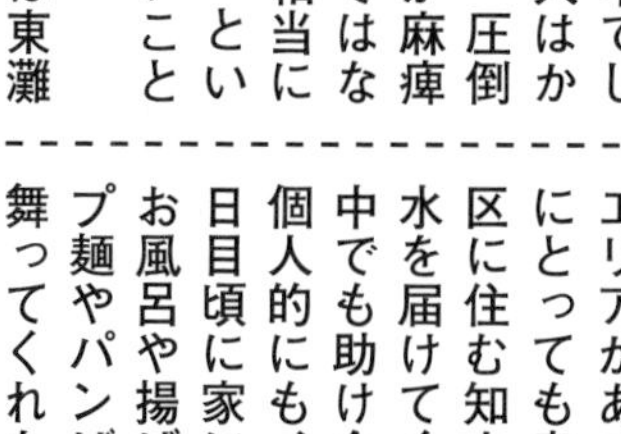

不安を抱える被災者だからこそ、普段なら広まらないようなウワサでも急速に広まった

震災復興事業は本当の復興事業なのか？

莫大な費用を投じ復興がはかられた

1995年1月の震災以降、神戸市では今に至るまでに復興に向けての多くの取り組みが行われてきた。全国の人々から物心両面でのサポートを受けた経験は、市民の心に深い感謝とともに刻まれているはずだ。2年前に発生した東日本大震災において、被災地の姿が当時の自分たちの姿と重なり、当時の恩返しを果たすべく募金活動や現地でのボランティアに向かった神戸市民も多かったのではないだろうか。

もちろん、復興に際しては国や市の財源から多くの予算が割かれ、莫大な金額が投入された。もちろんその多くは復興に欠かせないものであったことは言うまでもないが、中には正直なところ「これってホンマに効果あんの？」とクビをかしげたくなるようなものもある。ここでは、その代表的なものを改めて振り返ってみたい。

まずは、三宮の東西で展開された副都心整備事業である。東側は六甲道駅界隈、西側は新長田駅界隈を中心に策定された戦略であるが、それなりに賑わう六甲道はともかく、新長田に関しては聞こえてくるのは悪評ばかり。総事業費約2710億円という壮大な事業ではあったが、そもそも小さな町工場や民家が密集していた長田にそぐわない、高層ビル群を建てることには、当初から不安の声も上がっていた。

案の定、オープンしたものの家賃が高くテナントは空き部屋だらけ、小さいながらも堅実に地元で商売を続けてきた商店の中には家

賃や高い権利金を支払うことができず、再建の志を持ちながらも廃業や移転を余儀なくされる場合も多かったという。さらに「アスタくにづか」に至っては商店の管理費が住宅部分よりも数倍高いことが発覚。過払い分の3億円の管理費を巡って店舗所有者が神戸市も出資する管理会社「新長田まちづくり株式会社」を相手取って訴訟を起こす（2012年1月）などのトラブルも発生。街の賑わいを取り戻すための復興計画にも関わらず、テナントが入らず、集客もままならずでは空回りとしか言いようがない。震災の年から活動する（公財）阪神・淡路大震災復興基金では、商店街の活性化や空きテナント対策としていまだに補助金・助成金の制度を設けているが、もはやその効果も期待薄であろう。

これって何？ どこ？ な取り組みが多すぎる

続いては、「神戸市ものづくり復興工場」である。今回、長年神戸に住まう知人20名近くにその名を知っているか聞いてみたが、認知度が見事にゼロだった。この工場があるのは兵庫区。ものづくりを支援する全国初の公設賃貸工場として完成したまでは良かったが、その後は入居企業の立ち退き拒否問題や使用料の未徴収が指摘されるなどのトラブルが続いている。というか、そもそもこの知名度の低さが致命的な気がするが……。

知名度が低いつながりでいくと、兵庫県が展開する「フェニックス共済」も同様だろう。震災では民間の地震保険と公的支援の狭間で苦しんだ被災者が多かったことを踏まえて、加入者がお互いに支えあう共済制度としてスタートし、全国でも珍しい取り組みとして注目を集めた。制度自体は素晴らしいと感じるのだが、2013年1月現在でも住宅再建共済制度における加入率は約8・8パーセントに留まっている。

さらに、知名度が低いつながりで話を展開して恐縮だが、なぜか「神戸震災復興記念公園」という名を冠された公園（公募により「みなとのもり公園」という愛称も）も、「それって、どこ？」な世界である。地震といえば、毎年「1・17のつどい」が開かれる近くの東遊園地の印象が強いこともあるが、それを差し引いてもその名が全然知られていない。読者の中にも、「ポートライナー」から見える芝生の公園」と聞けばようやくピンと来る方がいるのではないだろうか。

しかし、実はこの公園は地震に備えたさまざまな対策が盛り込まれたスグレモノの公園なのである。まず、園内に62カ所あるマンホールは災害時に仮設トイレに早変わりするほか、地下には雨水を貯めておく貯水槽が広がる。さらに自家発電機があったり、備蓄倉庫が備えられていたりと、「万が一」の時には間違いなく市民の力となってくれる存在だ。しかし、せっかく税金を投入して復興・防災へ向けた取り組みを行っていても、知る人がいなければそれはタダの無駄遣いである。だからこそ「しっかり周知しろ！」と声を大にして神戸市には言わせてもらいたい。

主な復興事業とその問題リスト

事業名	内容と問題点
神戸ルミナリエ	開始から数年の間こそ、優良な観光コンテンツとして復興の足掛かりとなったがすでにマンネリ気味。年々開催エリア、期間が縮小するうえ、次年度開催のために募金を開始するなどもはや「続けること」のみが存在意義になっている
副都心整備事業	JR六甲道を中心とする東部副都心、新長田一帯を中心とする西部副都心が震災後の都市計画を経て誕生。しかしながら、各エリアでは入居者の高齢化が加速度的に進行し、高齢者だらけの街に
公益財団法人 阪神・淡路大震災復興基金	1995年に設立。住宅、産業復興、コミュニティー創設など約120の分野にわたって支援事業を展開してきた。大半の事業に関してはすでに終了しているが、商店街の活性化や空きテナント対策といった事業は2013年（平成25年）度以降も継続。目立った効果は見られず、もはや補助金の垂れ流し状態に
神戸市ものづくり復興工場	地場産業の復興を意図し、全国初の公設賃貸工場として2000年（平成12年）3月に全棟が完成。しかし、神戸市の外部監査で入居企業からの使用料金の未収や立ち退き拒否などの悪質な事例が報告されるなど、順調な運営は実現できていない
フェニックス共済の創設	各住宅所有者が加入し、災害時の再建・補修を支援する制度。制度自体は非常に特色あるものながら、住宅再建共済制度で加入率は8.8％に留まる。2010年（平成22年）に追加された家財再建共済制度に関しては加入率が2.0％と周知不足が顕著（数字は2013年1月現在）
神戸震災復興記念公園	とにかく知名度の低さに驚かされる。この公園でイベントを開催した際、事務局にかかってきた電話の8割以上が「震災の公園ってどこ？」だったというエピソードも。三宮に近い立地で全面芝生の好環境なだけに非常にもったいないとしか言いようがない

※各種資料より作成

地下には貯水槽があり備蓄倉庫も完備……って誰も知らなければ緊急時に活躍できるのだろうか

北と南の対立構造はここにも！高齢化が加速するＨＡＴ神戸

工場跡地に生まれた新しい街・ＨＡＴ神戸

現在のＨＡＴ神戸は、かつては神戸製鋼所や川崎製鉄阪神製造所などが並ぶ臨海工業エリアだった。しかし、これらの工場は震災の影響によって、移転や閉鎖を決定する。こうして出来た（出来てしまった!?）遊休地を活用し、大量の復興住宅を供給することを第一目的とした新都市は、「神戸市復興計画」を代表するプロジェクトと位置付けられた。

１９９６年６月に着工された開発計画は、１９９８年３月にオープン記念式典を迎え、その翌月から復興住宅への入居がはじまった。その後も段階的に戸数が増え、現在は東西約２キロに30棟３５００戸の復興住宅があり、約７０００人が暮らす。復興住宅への入居を希望したのは自力生活再建が難しい高齢者が中心。震災から20年弱が経過した今、過度の高齢化が街の大きな問題に。公募で決まった〝ＨＡＰＰＹ　ＡＣＴＩＶＥ　ＴＯＷＮ〟の頭文字をとった「ＨＡＴ神戸」であるが、「ネーミングと現実がかけ離れている」と住民たちはため息をつく。

ＨＡＴ神戸とＪＲ灘、六甲道、阪急王子公園など近くの鉄道駅を結ぶ市バス１００系統に乗ってみれば、前後左右は高齢者ばかりで街の現状がうかがえる。

そして、街の造り自体が高齢者に優しくない。例えば、幅員40メートルとムダに幅広いメインストリート。買い物や通院などでＨＡＴ内を歩く高齢者の中には「信号１回で渡りきれへん」と分離帯での休息を余儀なくされる姿も見

られる。また、週末には近隣からの買い物客も多いが、この街の事情を知らないヨソ者のぶしつけなクラクションや運転も高齢者の神経をすり減らす。
　さらに、駅までの距離も微妙である。最も近い阪神の岩屋駅や春日野道駅に行こうにも、今度は国道2号線が、越えられない壁として立ちはだかる。交通量の少ないHAT神戸と違い、こちらはトラックもバリバリ走り、横断歩道も少なくて危険度が高い。この環境も、「もうHATの中だけで暮らせたら、それでいい」と高齢者が考える要因になってしまっている。

HAT神戸の主な施設

人と防災未来センター（国際防災復興協力機構、アジア防災センター、国際連合人道問題調整事務所神戸など）
国際健康開発センター（WHO健康開発総合研究センターなど）
国際協力機構関西国際センター（JICA兵庫）
神戸赤十字病院
兵庫県災害医療センター
神戸海洋気象台
兵庫県立美術館
（株）神戸製鋼所本社
ヤマダ電機テックランド神戸本店
ケーズデンキHAT神戸店
ブルメールHAT神戸

※各種資料より作成

狭い地域で生まれた深刻な南北格差

　そして、HAT神戸の根深い問題として、以前から言われているのが「南北格差」である。神戸では北>南の図式が多いが、ここでは逆。「復興住宅や市営住宅が並ぶ北側」と「分譲マンションが多くウォーターフロントを謳う南側」の断絶は、狭い地域内で厳然として存在する。近年は後者の住民が子育て世代を中心に続々と増加中。HAT神戸を校区とする「渚中学校」の生徒数も2010年度の300人弱から2012年度には400人超に急増した。確かに、大型家電量販店やブルメールHAT神戸など商業施設が充実し、神戸赤十字病院などの医療施設もあるなど利便性は高い。しかし、新しい街ゆえに、ご近所づきあいはほぼ皆無なのだ。

　それどころか、ここに住まざるを得なくなった北側の住民と、望んで移ってきた自分たちは別物だと、ニューカマーは捉えているようだ。地元の会合や学校の保護者会などで問題になるのもたいていは「北側の景観が汚い」「ゴミだしのルールを守っていない」など当初からの住民への批判ばかり。本来ならば高齢者は地域の力で見守られるべき存在だが、この街ではムリなのである。

　そのほかの施設に目を移してみたい。別表にもあるように、HAT神戸には、公共施設や文化施設が建っている。WHOや国連、JICAなど世界レベルで「なんとなくスゲ～」な機関があるものの、ぶっちゃけ神戸市民にとっては「なんかHATにあるみたい」という程度の認識しかない。

　一般人に開放されている施設で代表的なものは、人と防災未来センターと兵庫県立美術館が挙げられるだろう。兵庫県立美術館は、灘区原田通から2002年に移転。世界的建築家・安藤忠雄氏の建築で（神戸を含め阪神間には氏の作品がびっくりするほど数多くある）、日本画、洋画、彫刻など8000点以上の作品を収蔵する。また、最近ではアニメ「ガンダム」のメカデザインを手掛けた大河原邦男氏の展覧会を開催するなど、個性的な企画には以前から定評がある。しかしながら、住民からいたって評判が悪いのが、屋上にドカンと鎮座したカラフルなカエルである。神戸にゆかりのある動物ならまだしも「なぜにここにカエル？」と誰もが一度はツッコんだその姿はもはやHAT神戸のランドマークとなっている。

　と、ひとくさりHAT神戸の現状について書いてきたが、最後にもうひとつ。HAT神戸は最近、特に夜間はランナー天国になっている。もともと神戸はアップダウンが激しく、ジョギングやサイクリングには著しく不向きな土地であるため、平坦な土地を求めて多くのランナーがここを走る。しかし、健康志向の男女が行きかう以外に、夜は人の姿がほとんどないことにより驚かされる。とりあえず、〝ACTIVE〟は彼らに任せて、〝HAPPY〟を実現すべく地域仲良く過ごしていってもらいたいものである。

神戸赤十字病院に隣接する災害医療センター。整った医療環境もHAT神戸人口急増のポイント

住宅借り入れ問題
復興住宅の孤独死問題を考える

震災2年前後から急増した孤独死

震災では多くの人々が住まいを失ったが、仮設住宅という誰が見ても分かりやすい形がなくなった以降も、住まいとそこでの暮らしには多くの困難がつきまとっている。まず、住まいに関する問題として誰もが思い浮かべるのは１９９６～１９９７年ごろから目立つようになった孤独死だろう。この両年には県内でそれぞれ70名以上が孤独死。メディアがその状況を盛んに取り上げたことで、「孤独死」というキーワードが認知されることとなった。結局、１９９９年までの間に仮設住宅では２３３人もの命が失われたが、復興住宅に移ったからといって一気に解決したわけではない（報道が少なくなったから、そう感じていただけだ）。00年以降も毎年50～60人前後のペースで孤独死は相次いでおり。２０１２年末までに復興住宅で７７８人の犠牲者が出ている。

当初は被災者のために良かれと思って実行した施策が結果的に多くの孤独死につながったという指摘は見逃すことはできない。仮設住宅や復興住宅の割り当てに際しては、「すべての被災者になるべく早く住まいを提供すること」を重視するあまり、東灘区や長田区の住民が西区での暮らしを余儀なくされる例などもあった。結果、これまで地域がそれぞれに培ってきたコミュニティも分断されてしまい、被災者たちは見知らぬ他人とともに新しい地域での生活をスタート。ある意味、本来守られるはずの彼らが各家庭での「自立」を求められたのである。もちろん、

市や社会福祉協議会なども支援員の派遣等を通じて生活のサポートをはかっていたものの、膨大な数の仮設住宅や復興住宅を回るのは当初から無理な話。結局、セーフティネットから漏れた人々が「孤独死」の形で露見したのである。

　もちろん仮設、さらには復興住宅で起こっている問題は孤独死ばかりではない。震災から間もない頃は、将来への悲観や経済的な苦境に端を発する自殺もあとを絶たなかったし、近年では高齢者が配偶者の世話を余儀なくされる「老老介護」の問題も看過できない。そして、その多くが家庭内の話であり公が土足で踏み込むことができる分野ではないことが問題の解決をいっそう難しくしている。

復興住宅では老老介護問題も深刻化。高齢化社会の歪みが、被災者の身にも容赦なく降りかかる

　東日本大震災の被災地では、さまざまな場面で阪神・淡路大震災がモデルケースとされているが、「可能な限りのコミュニティの維持」「支援員巡回制度の充実」など神戸での事例を反面教師として導入された施策も多い。孤独死を余儀なくされた人々の命が戻ってくるわけではないことは分かっているが、この犠牲を貴重な教訓とし、東北の被災地の復興に役立ててほしいものだ。

復興住宅が直面する2015年問題

　もうひとつ、住まいに関するトピックとして見逃せないのは、2015年から随時更新を迎える「住宅借り入れ問題」だ。膨大な数の復興住宅を手配する際には、もちろん新造だけでは間に合わず、公団住宅（UR）や民間のマンションやアパートを市が借り入れた。ピーク時にはその数は市内で4000戸近くに達し、2012年12月現在でも市内の借り上げ住宅2968戸に被災者が入居している。期限を迎えたら「また転居が必要になるのではないか」と入居者らは不安を隠せない状態にあり、神戸市の判断が注目されている（県はすでに継続を決めたが、市は民間からも借り入れているため独自の対応を検討しており、不公平が生まれる可能性も）。すでに東灘区では入居者らが継続を求める協議会を結成するなどの動きも出ており、間違いなく2013年中に大きな動きがあるだろう。

　ただ、住まいの問題が復興住宅に暮らす人々だけのものだと捉えるのは大間違いだ。事態の大きさの割にほとんど市民の間で話題になることもないが（むしろ無関心ぶりにビックリ！）、復興借入住宅の提供に際して大きな役割を果たした神戸市住宅供給公社はすでに2013年3月末日に解散しているのだ（民間企業でいうところの倒産！）。バブル崩壊後の地価下落という事情はあったものの、震災直後に被災者を対象として行われた「借上特優賃事業」で徐々に空室が増えたことによる負担が多額の赤字を生むこととなった。公社清算により発生した市民負担額は約260億円もの巨額に上る（神戸市民150万人としてひとり2万円弱の負担）。かつての孤独死のように派手に社会問題化することはなくとも、まだ確実に震災の負の遺産は我々のすぐそばにあるのである。

避難所～仮設住宅～復興住宅 震災後の住まいに関する事件簿

日時	トピック	内容
1995年1月	要援護者優先規定の罠	1月27日に開始された第1次仮設募集では60歳以上の高齢者世帯、障がい者のいる世帯、母子家庭など要支援者を優先した抽選が行われた。そのため、"弱者ばかりが集まる仮設団地"が構成されてしまう要因に
1995年2月～	罹災証明確認体制の甘さ	「本当の被災者」以外にも証明書が発行されたといわれ、不正入手した証明書で仮設住宅・復興支援住宅への入居に成功したという話も後を絶たなかった
1995年5月	神戸市西区で老婆が凍死	神戸市西区の仮設住宅に入居した81歳の女性が、慣れない土地で道に迷い凍死
1995年8月	避難所への居座り問題	8月20日をもって216カ所残っていた避難所は廃止され12カ所の待機所に集約。実際に生活再建のめどが立たずそれまで避難所暮らしを余儀なくされた方もいたが、多くは無料支援・食事提供目当ての"避難所ゴロ"的存在で、待機所移行後もその傾向は続いた
1996年	仮設での孤独死がピーク	震災発生の95年からいわゆる"孤独死"問題がマスコミを賑わせた。仮設でのピークとなった96年には72名の孤独死が発生。なお、2000年代の復興住宅期に入ってからも孤独死は相次ぎ、2012年で累計1000人を越えた
1996年12月	東山小学校明け渡し訴訟	兵庫区の東山小学校（当時）で避難所生活を送っていた女性は、避難所廃止後も校内の一室に居座っていた。その後、北区の仮設住宅に当選したものの立ち退く気配を見せなかったため96年12月に立ち退きを求めて神戸市が提訴。翌97年2月に原告勝訴となった
1997年8月	給水ストップ孤独死事件	中央区ポートアイランドの仮設住宅で53歳の女性が孤独死。料金滞納のため本人に確認せずに給水をストップしていたことが死後明らかになり、死因との因果関係を問う声も聴かれた
2000年～	老老介護問題が深刻化	2012年11月末現在で、復興住宅で独居する高齢者は9911人に上る。全入居世帯に占める割合は44.2%に及んでおり、34.8%だった02年以降上昇の一途をたどっている。この数字が分かるように、入居者の高齢化が進んでおり、今後は老老介護問題も深刻化することが明白である
2012年5月	神戸市住宅供給公社が破たん	復興住宅の供給に際して中心的な役割を果たしてきた神戸市住宅供給公社は、2012年に約503億円の負債を抱えて民事再生法を申請。民間マンションを借り上げて被災者へと賃貸する事業で毎年4億円の赤字を計上するなど、03年から債務超過に陥っていた
2015年～	復興住宅の2015年問題	震災発生20年にあたる2015年からは、多くの借り上げ復興住宅が順次契約期限を迎える。すでに強制退去等を不安視する声は広がっており、市も対策に着手。復興公営住宅に関しては「要介護度3以上」「重度障がい者」「85歳以上」の入居者がいる場合は延長を認めることを13年3月に発表

※各種資料より作成

「震災があったからしょうがない」では真の復興はない！

20年近くも震災を言い訳にしてきた神戸

もう聞き飽きたからこの際、最初に書いておく！　神戸人は、観光客が昔ほど来ないのも、商店街が寂れていくのも、ホテルの稼働率が悪いのも、飲食店が潰れるのも、なにもかも阪神・淡路大震災のせいにする風潮はそろそろやめよう（というか、もう少し前に気づくべきことだ）。神戸に暮らす人、特に自営業者や地元企業関係者に話を聞くとふたこと目には「震災以降あかんな〜」と口にする。

おっしゃる通りで、震災は神戸経済に深刻な影響を与えたが、もう20年近く経過しているのだから、ダメな理由をほかに求める方がよほどフェアだ。じゃあ何が悪いのか？　長引く不況ももちろんだが、魅力的なコンテンツやハードを提供できなかった復興計画そのものが失敗と言わざるを得ない。

古いデータになるが、震災から8年後の2003年に市民を対象にして行われたアンケートの結果が興味深い。まず、「暮らし向き」では震災前と比較して「低下している」と答えた層が48パーセントだったのに対し、「良くなっている」と答えたのは6・7パーセントに過ぎなかった。しかしながら、低下していると答えた人のうち「震災の影響」を挙げている人はわずか15・1パーセントに留まり、一方で57・6パーセントの人が不況を原因にあげている。

同年に阪神・淡路産業復興推進機構が実施したアンケート（事業所が対象）では、76・1パーセントが「震災前の段階に回復していない」と答えたものの、その最大

の原因として震災をあげた事業所は4・1パーセントに留まった。
　そう、実はみんな本当は分かっているのである。震災は数ある理由のうちのひとつに過ぎないことを。しかしながら、神戸人は「震災」を活用し、ハッキリ言えば「被害者ヅラ」している面が少なからずある。
　こんなこと言ったら良識派から叩かれるかもしれないが……。な～んか、なにごとにおいても「復興ってゆっときゃいいだろ」みたいな安易さを感じるのである。この本でも再三登場する「神戸ルミナリエ」しかり、春に北野坂で開催されている「インフィオラータこうべ」しかり（どちらも震災後にスタートし、当初から復興をテーマに掲げている）。

サラリーマンの財布のヒモは固く、流行るのは低価格業態ばっかり。神戸らしさとやらはどこに？

　そしてときどき開催されるライブイベントにだって毎回接頭辞のように「復興」「震災」といった言葉が乗っかってくる。いや、もちろんそれ自体は否定しない。でも、さすがにこれだけの年月が経過すると、いつまでも地震というステージから抜け出せないでいること自体が問題のような気がするのである。いっそのこと「復興じゃなくて、もう次行きます」くらいの気構えが、神戸に求められているのではないだろうか。

魅力に欠けた街が低迷の最大の問題！

　もちろん、震災のタイミングは最悪だった（いいも悪いもないけれど）。１９９０年代は、まさにバブルが弾け、これまで成長してきた日本経済が長引く不況の入口に立ったタイミングであった。それこそ高度成長期であれば、右肩上がりの経済が復興を強力に推し進めたかもしれないが、神戸の場合はそうはいかなかった。その点は理解しているつもりだが、一方で街に活力を取り戻す努力は本当に充分だったのであろうか。

　考えてみてほしい。震災以降、神戸になにか人の心をワクワクさせるようなインパクトある観光施設やショッピング施設はまったく登場していないではないか！　そしてできたとしても規模が小さくて中身も微妙。例えば三宮のメディテラスなんかも「ハリボテ感が満載でダサい」「あんなのは観光客が写真撮影をするための場所」と神戸人はその存在自体が恥ずかしがり、ましてや足を運ぶこともほとんどない。

　それでも、街が停滞しているのが他の都市も同様なら救われそうなものだ。しかし、近隣に目をやれば、いまや大阪駅前は一大開発ラッシュに沸いている。今までは大阪で買い物するのは東神戸の住民が中心だったが、魅力的な施設の増加に伴い、三宮を通り越して大阪を目指す西の住民も増えてきた。さらにいえば、神戸人が「姫路なんてヤンキーばっかやん」と民度をバカにする姫路にだって2008年に駅ナカモール「プリエ（現・ピオレ）」がオープンしているのである。もはやこれは震災どうこうではなく、都市としてのプロデュース能力とやる気の問題にしか見えないのだ。

　別に一地方都市に甘んじるなら、このまま手をこまねいてもいいのかもしれないが、やっぱり神戸人として受け入れがたいはず。イヤ、ほんまにそろそろドカンと街の起爆剤になるような花火を打ち上げんとヤバいんちゃいますか？

　繰り返しになるが、いまあらためて神戸市民に求められるのは震災を理由にした思考停止から抜け出すことである。そして過度に過去の神戸を美化することをせず（この風潮も大いに感じる）、産業、観光、まちづくり、商業などさまざまな分野で新しいコアを作る必要がある。震災を忘れることと克服することはまったく別の話であり、震災を明確に「過去のもの」とする努力をいま一度意識する必要があると思う。

　この頁で、手厳しく書いたのには理由がある。いま、東日本大震災の被災地である福島や宮城などでは、当時の神戸と同様に仮設住宅や復興住宅で暮らしながら街の復興を目指す人たちがたくさんいる。彼らにとって、最も身近な例であるはずの神戸がダメなままでは、なんの希望もないではないか。いまさら「がんばろう神戸！」と大きな声であおるのは気恥ずかしいが、後に続く人々のためにももうちょい気張ってほしいというのが正直な気持ちである。

HAT神戸の象徴・人と防災未来センター

震災からの復興の先駆けとして生まれた街、HAT神戸において、象徴的な建物のひとつが「人と防災未来センター」だ。センターには地震をはじめとする諸災害に向けた防災・減災活動を研究する研究調査機関が置かれているほか、各種資料の膨大なアーカイブの設置、世界各地から有識者を招いての防災フォーラムの開催など、世界規模での防災・人道支援の拠点となることを目指している。実際に東日本大震災の際にもセンターを通じて多くのボランティアや専門家が被災地へと派遣されるなど、まさに地震を経験した神戸ならではの、大切な役割を担っている。

と言いつつ、正直なところ学術的な部分に関して我々一般人がその深い内容を触れる機会は少ない。そこで、各市民により意識を持って防災・減災に取り組んでもらえるように作られたのが併設の博物館である。博物館では阪神・淡路大震災当時の街の様子を再現したジオラマや大音響と映像で地震の恐ろしさを伝える「1.17シアター」などを通じて、防災の大切さを訴えている。しかし、実は現在メインとなっているこの「防災未来館」のほかに、かつては「ひと未来館」という施設が存在していたことはあまり知られていない。

防災未来館はまさに地震の恐ろしさや復興の過程を伝えるダイレクトな内容がメインだったのに対し、「ひと未来館」は命の尊さや人間といった抽象的なテーマを扱ったため、「これって地震と関係あんの」など否定的な声が多かった（なんとなく手塚治虫漫画みたいな世界観だったと言えば伝わるだろうか）。開館して間もないころに1度だけ行ったことがあるが、なぜかこちらには森の動物たちが活動するジオラマが用意されていて面食らった記憶がある。かと思えば、ヒーリングミュージックが流れる「癒しの部屋」的なコーナーが唐突に出現するなど、ひとことでいえば「テーマ負け」した施設であった。もちろん、命の大切さがすべての根本にあることは否定しない。しかし、正直なところわざわざここで貴重なスペースを割いて行う必要性が見いだせなかったのだ。

結局、同じように感じる人は多かったとみえて「ひと未来館」は、2003年にオープンしたものの2009年3月に閉館を余儀なくされた。そして驚くべきことに同施設の事業費はなんと約61億円。「これこそ完全に税金のムダづかい」という典型のような建物であった（もっと復興せなあかんとこは誰が見たってあったやろ……）。

第7章

まずは神戸ブランドを一度はずしてみようか

震災からもうすぐ20年が経過するけれど、華やかなイメージとは裏腹に、住民は長い我慢の時間を過ごしているのが神戸の現実だろう。でも、市民も観光客もみんなが称える〝ポテンシャル〟は間違いないんだから、まだまだ諦めてしまうには早いはず。神戸の未来はどこにある？

神戸市のお財布はスカスカ 経済面からもテコ入れが絶対必要

神戸の財政状態って ホントはどうなの？

「最近はお客さんも全然やわ。どの業種の人に聞いても神戸はしんどい言うてるよ。アベノミクスに期待するしかないのかねえ」と東門街の老舗クラブのママが嘆くように、神戸経済はずっと停滞中。神戸人が街を愛する気持ちはこれまでとなにも変わっていないし、「エキゾチック」「オシャレ」など街を語るキーワードもまだ説得力をキープしている。でも、そろそろなんとかしないと……。

旗振り役になるべき神戸市だって苦しいのが正直なところ。事実、神戸市の財政はけっこうヤバい。この件に関しては、２０００年代中盤には経済紙などで財政状況の悪さが指摘され、「第二の夕張市になる」などとセンセーショナルな言葉が広まったため、市民もそれなりに関心を持っていた。近年では特に大きな問題が報道されることもなくなったが、ズバリ「慢性的によろしくない」のが現状だ。震災の２年前、１９９３年から神戸市は収支不足に陥っており、常に歳出が歳入を上回る状況が続いてきた（やっぱり震災ばかりが原因じゃないやん）。

神戸市だって20年間も「無い袖を振り続けて」きたわけであり、政令指定都市の中でも下位の財政力であることは変わらない。しかし、収入不足も大きな問題ではあるものの、より深刻なのは「投資的経費」が激減していることだ。20年前には２７３４億円あった投資的経費は、２０１３年度予算では５５２億円と約20パーセントに。かつて、アグレッシブに新政策を打ち出していた神戸市が野心あふれる実業家だとしたら、今は少ない旦那の給料で家計をやりくりするお母さんみたいなもんだ。

　いまや節約ママとなってしまった神戸市にとって、かつての投資の夢の跡が目に見える形で残っているのはなんともつらい面だろう。「震災は仕方ないにしても、勝手に人工島作ったり空港作ったりして、いまさら足りないって」(50代女性・談)と責任を市に丸投げしてしまうような声も目立つ(でも、その市長や市議会を選んだのはいったい誰?)。「昔みたいにいろいろ税金投入してまた失敗したら目も当てられんで。市も苦しいけど、わしらの生活だって厳しいんや」(50代男性・談)のように

昔日を知る人が口をそろえて人通りの少なさを嘆く三宮。ここからの劇的な復活はなるか?

「このままじゃいや。でも昔みたいなイケイケスタイルもイヤ」で声を押し殺しつつ市政を見守っている神戸人は多そうだ。

市政に興味ゼロ! その姿勢を変えないと

　歴史の項目でも触れたが、神戸はよそからやってきた人々が新しい文化や変化を持ちこんで誕生した街だ。彼らが残してくれた遺産を上手に活用した点についてはよく頑張ったと言えるかもしれないけれど、きつい言い方をすれば「食いつぶしてきた」のも神戸人。自分たちはなにもしなくても、「よその人」が街を素敵にデコレーションしてくれた結果、「見てればいいや」と考えてしまったのが、神戸人気質の原点かもしれない。

　昭和以降は、税金を払っていれば市が勝手に開発(望まないものも多くあったけど)を進めたため、市民はパトロンのような存在だった。でもいまや市だって青息吐息。もうこうなったら自分たちでどうにかするしかない!

　いつも通りのスカして距離を置いた立ち位置からのヤジや不満ばかり述べるのはそろそろみんな飽きてきたはず。とりあえず選挙なりなんなりを通じて、「街をこうしていきたい」「ダメなものはダメ!」とはっきり意思表示するところからスタートしてみませんか? これまでずっと「よその人」が持ちこんだ他人のふんどしで勝負してきたんだから、たまには主体的に動いてみよう!

　また、原点回帰して「よその人」の参入を受け入れる器の広さを持つことも大事だろう。「昔、ハーバーランドに西武が来たけどすぐに撤退しよったしな。やっぱり地元やないと信頼できひんわ」(40代男性・談)などというコンサバ&神戸プライドがのぞく声もちらほら聞こえるが、一方で、「いい意味でも悪い意味でも神戸人はイメージに引きずられすぎ。街を全

神戸の重要な観光資源であるベイエリアにおいて、「umie」は、起爆剤となりえるだろうか

然知らない人の方が、街を変えられるんじゃないかな」(60代男性・談)という正反対の意見も。しかし、「受け入れる」力こそ神戸が誇るものだったはず。外資系だろうと関東資本だろうと、街に変化をもたらすホワイトナイトにぜひ登場してもらい、改革に取り組んでもらいたいものだ。

　ただ、神戸にもいま確かに変化の兆しはある。例えば、2013年4月にハーバーランドにオープンしたイオングループの商業施設「神戸ハーバーランドumie」と「アンパンマンこどもミュージアム&モール」は、ここまでのところ堅調な集客を見せ、ハーバーランドには明らかにファミリー客の姿が増えている。また、3月に明らかになったJR三ノ宮駅の再開発計画は神戸で久々のビッグニュース。現段階での計画では、約400億円を投じて高さ160メートル程度の複合商業ビルを建設するとのことで街の起爆剤となることが期待されている。「でも完成するのは2021年なんやろ。本当はもっと早くしてほしいくらいやで」(40代男性・談)。それまでに神戸が魅力ある街であり続けることができるのか? ここ数年が正念場になりそうだ。

中身がどうあれ地元愛は変わらず とにかく神戸には〝大変化〟が必要

これが神戸復活のカギ？ 大神戸構想

今回の取材にあたって、老若男女問わず多くの神戸市民の話を聞く機会があったが、誰もが「このままでは神戸市はまずいことになる」と危機感を感じていることも伝わってきた。住民に愛される神戸市であり続けるためには、いったいどうしたらいいのか？ 住んでいるエリアや世代を越えてそれぞれの立場から発せられたコメントを紹介しつつ、ここは神戸が採るべき（というか、採ってほしい）未来へのかじ取りを紹介していきたい。

今回、日本維新の会による「神戸あたりまで含んだ大阪都構想」の発信が取材時期とタイムリーに重なったこともあり、「よりによって大阪はないわ。そもそも3枚目キャラの大阪とは街のキャラクターも違いすぎるし」（垂水区40代女性・談）とこの件に関してあからさまな拒否反応を示すむきも多かった。この構想とは具体的には大阪市や堺市など旧来から統合が検討されてきた地域だけではなく、伊丹や宝塚、さらには神戸あたりまで対象にしており、まさに神戸人にとっては「寝耳に水」、いや対岸の火事の火の粉がいきなり降りかかってきたようなものであった。

実際のところ通学や通勤で大阪市に毎日出る市民が多かったり、「うちは神戸で営業してるけど、取引先はほとんど大阪ですわ」（地元アパレルメーカー社長・談）など経済的にはほぼ大阪と同化しているものの、「仕事は大阪」「暮らしは神戸」が神戸人の譲れぬプライドであるのは間違いない。イヤするだけならまだしも、「大阪と一緒になるくらいなら、同じ県内で神戸を中心にして同じことしたらええねん」（東灘区40代男性・談）という意見も。しかし、突拍子もない与太話のように聞こえるかもしれないが、意外に的を射ているかもしれない。そもそも府と県の境を飛び越えての合併策よりは、同じ県内で合併を模索する方が、よほど話がスムーズに進むだろう。また、兵庫県の他の地域からは「金が落ちるのは神戸ばっかりやないか」という不満があることも事実。仮にこうした神戸を中心にした「大神戸構想」を真面目に考えてみると、まず兵庫県の県庁は姫路あたりに移し、県と神戸とで明確な棲み分けを行うことで行政の手間を省く結果にもなるだろう。どっちみち神戸市民は県民意識が限りなく薄いんだから、兵庫県を離脱することになっても心情的な面で大きな抵抗感があるようには思えないし……。

大神戸構想が実現したら、兵庫県庁は姫路に移ることになる!?　もともと県民意識もないしなあ

人口でも大阪を凌駕する
大神戸300万人都市へ

現時点でこの大神戸構想は影も形もないものではあるが、今後「地方分権」「道州制の導入」といった議論が進むことになれば、神戸も東西南北どこかの自治体とタッグを組まないとも限らない。アイデアに関してさまざまな人に意見をぶつけてみたが、面白いのはエリアによって「合併して一緒になりたい地域」が違うことだ。「やっぱり一緒になるなら芦屋と西宮は外せない。阪神間で連携することで街のブランディングにもなるし」（東灘区女性・談）、「明石は合併してほしい。東ばかりに大きくなってオシャレイメージばかりを追求したら、西区の新興住宅街なんか忘れられるんちゃうか」（西区玉津町男性・談）、「阪神間は一緒になりたいけど尼崎はイメージが違うしなあ……。市外局番も06だし、尼崎だけは大阪にあげてもいいかな」（中央区男性・談）などなど。哀愁を誘ったのはこんな北区民のコメント。「合併計画が持ち上がったらめっちゃ歓迎するよ。どうせなら三田や篠山あたりまで一緒にしたらいいんよ。そうしたら北区が山とか裏側とかいってバカにされずに済む」ってそんな後ろ向きすぎる理由で市町村の合併を進めちゃってもいいの？

三田や篠山までも神戸市に含まれたら、万年「ド田舎」扱いの北区もついにその座を脱出か

　しかし、芦屋、宝塚、西宮、伊丹（オシャレ＆お金持ち担当）、明石（海担当）、三木、三田、篠山（山担当）あたりの補強は、実は現在の神戸市のイメージからいってもピッタリではないか。ちなみに2013年4月現在の推計人口をもとにすると、上記の8都市を合併して大神戸を結成すると、神戸市は今の約2倍の規模となる約300万人もの人口を有し、現状の大阪市を軽く上回ることになる。

　もちろん、「今のまま合併しても都市部と田園部の格差が放置されるだけ。例えば、三田や三木などの周辺地域には企業をどんどん誘致して入ってきてもらわんと」（垂水区40代男性・談）という冷静な指摘もある。企業誘致に関しては、世界的ビッグネームをどかんと呼び寄せたいところ。幸いにも世界的に有名な「ＫＯＢＥビーフ」もあることだし、「神戸に本社を置けば、社員食堂にはＫＯＢＥビーフが！」でもなんでもいいから、なりふりかまわずに誘致を進めていってもらいたいものだ（ただ、このなりふり構わずってのがキザな神戸人には苦手だったりするんだけど。）

　特に震災以降、神戸からは製造業の拠点が流出している悪い流れがあるが、市内での経済活動が活発化すれば、神戸の「顔」である港も活気づき、港町のイメージもより強くなるはず。「もういまや港も観光用になってしまってるもんねぇ」（中央区60代男性・談）という過去の栄光を知る世代の嘆

きを、ぜひストップして差し上げたいところだ。

　さすがに、300万人もの巨大マーケットとなれば、経済だけでなくあらゆる面で大阪に代わる関西の盟主になれるはずである。「今は大阪の方が積極的に議論をしてるんやし、このまま競争になったら絶対に大阪に負ける。先に手を打たんといつまでも関西で2番手、3番手や」（兵庫区の中小メーカー社長・談）の言葉通り、いま、「地方のあり方」に関わる議論が「草案」の段階だからこそ、神戸市には実現の可否も含めてさまざまな可能性を探ってみることが求められている。

　一方で、合併話そのものを敬遠する人も少なからずいるようではある。「神戸ってせっかくイメージがいいのに、周囲と一緒になったらただの大きいだけの特徴ない街になりそう」（灘区の学生・談）「どうせ一部の都市部が周辺を経済的にも引っ張る構造は変わらないし、むしろ今ですら街は大きすぎる」（東灘区の小売商店主・談）などいろんな意見はあるようだが、このままズルズルと後退を繰り返すのもイヤなら、変わっていくしかないじゃない！（神戸人は苦手な項目だろうけど）

神戸は単なる一地方都市!? まずはプライドを捨てよ

　大神戸構想は確かに面白いが、万が一実現するにしても相当遠い未来のこと。じゃあ、今、我々神戸人が街の復活のためにすべきことはなんなのだろうか。冒頭に書いたように、確かにみんな危機感は抱いている。でも、変にイメージが良すぎるせいで、市も住民たちも「ヤバいとか言いながらも、神戸は大きい街だし大丈夫なんじゃない？」とどこか真剣さが足りていないように感じてしまう面も大いにある。皆がより真剣に神戸の未来を考えるためにも、「神戸ブランド」をいったん捨ててみるのはどうだろう？

　そもそも「プライド」の源になっているのは明治時代の舶来文化であったり、大正時代の阪神間モダニズムであったり、昭和の画期的な都市計画であったりするわけで、そこからアップデートがなされていない、むしろそれで満足してしまったこともよくないのだろう。いまだに30年以上前のドラマで食いつなぐ風見鶏の館に象徴されるように、誤解を恐れずに言えば「過去の栄光」だけに照らされながら明るく見える街が神戸である。これが大阪人あたりならドギツい自分イジリで自虐的なネタにしつつ現実にツッコむんだろうけど、クールな神戸人はそれも苦手。年々大きくなるイメージと現実のギャップがそのまま放置されているような気がしてならないのだ。

　このまま過去の栄光だけで日々を過ごしていれば「俺だって若いときは派手に遊んだんだぜ」「20代のころはめちゃくちゃモテたのよ」なんて自慢げに話してしまうオッサンやオバサンと大して変わらない。神戸が〝オワコン〟になってしまう前に、今はとにかくガムシャラに、市民、行政、企業が一緒になって今後の道筋を照らしてくれる「新しい神戸のブランド」を築き上げる必要があることは間違いない（できれば今すぐにでも）。それに、市も住民たちもともすれば、「ファッション」「観光」「港」など、昔からこの街を支えてきたキーワードを中心に物事を考えてしまいがちだけど、神戸ブランドを捨て去ることで発想の幅はより広がりそうに思うし……。修行僧よろしく市も住民たちもいったんリセットして「無」になって、そこから復活の道を探ってみませんか？

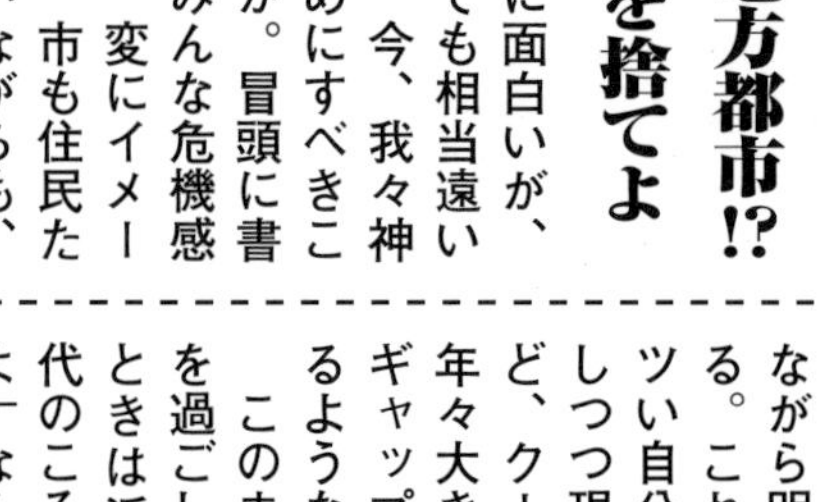

「神戸に大企業を誘致して、輸出入に港湾設備をフル活用」ってそんなうまくはなかなか行かんかな

　歴史的にも自分から動くのは苦手な神戸人だけど、「神戸人はコンサバやけど、根っこには変化を受け入れる器はあるんちゃうか。むしろ、街がどう変わろうと海と山さえあったら神戸人は満足なんやで」（灘区50代男性・談）なんて声もある。変わったら変わったで、その中から「自慢できるもの」を見つけて優越感を持っていられるのが神戸人だろうし……。行政的に大阪の一部になるのはなさそうでも、「単なる大阪のベッドタウン」になってしまう未来は大いにありえる。プライド高い神戸人のこと、ただ黙って一地方都市に甘んじるのは面白くないはず。「いつやるの？　今でしょ！」この言葉を最後に神戸人に贈りたい。

イライラ
びっくり！
どうして？

街の気になるスポット

**ここは何処？　アレは何？
神戸市周辺で見つけた何なのか分からない数々の気になるスポット。何気ないものだけど不思議と気になるものばかり!!**

ダビデも思わず前を隠したくなる立派な「モノ」を持った青年

File No.01

神戸のオシャレタウン岡本に、女性は羞恥の悲鳴とともに目を覆って赤面し、男は思わず自分のモノと見比べるような「立派な」銅像がある。場所は十二間道路と山手幹線が交差する角に広がる、「本山街園」という地元民に愛されるバラ園（常時無料開放）。フローラルな香気を放つ園の入り口で、いきなり全裸でトランペットを吹き鳴らす青年に遭遇するのがなんともシュールだ。楽器を手にしたブロンズ像に定評のある黒川晃彦氏の「クロスロード」という作品なのだが、プロのトランペッターを目指す実家暮らしの青年が、教育ママに「上手になるまで家に入れません！」と放り出されて悲しみの音色を奏でている——そんなストーリーを想起してしまう。

しかもこの場所は、実は小中学校のスクールゾーン。もちろん小学生の男子はこの像をを見て毎朝のようにテンションをアップさせたり、局部のあたりをちょっと触ってみたりする。しかし中学に上がる頃には見向きもしなくなる姿に、地域に住む大人たちは「あの子も成長したんやねえ」と、感慨深い眼差しを送るのである。

青年の裸像といえば、「ダビデ像」があまりに有名だが、堂々とした立ち姿だけを見ればこのトランペットの青年も互角。岡本が誇る芸術作品なのだ。

ユニークな工事現場のオッチャンはハーバーランドの隠れた人気者

File No.02

ハーバーランドの海辺、煉瓦倉庫から神戸港旧信号所に続く「ハーバーウォーク」を歩いていて、ふと海側に目を移すと、作業着とヘルメットを着用し、対岸の倉庫で現場作業に従事する人々がいる。そしてこの人たちは、24時間365日、ずっと見ることができる。つまり何が言いたいのかというと、これらはすべてマネキンなのである。脚立によじ登ったり、工具を手にしたりと妙にリアルなポージングに加え、ほどよく遠い対岸にあるため、初めて見た人は、まずマネキンだとは気づかない。ハーバーランドが街開きをした1992年に「海際の風景を楽しんでいただくため」に設置された「ユーモアディスプレイ」という名のマネキン人形で（自分でユーモアとか言うたらあかん）、タネを知っている地元民はもはや見向きもしないものの、観光客は軒並み騙されてしまう。神戸の知る人ぞ知る珍スポットを聞かれたら、迷わずこちらを案内したい。

「ちょっと、あれ見てや」「工事の人だね。頑張ってるなあ」「実はアレ、マネキンやねんで」……地元民と他県民のカップルなどの間では、このような会話が繰り広げられるが、これ以上は全く話が広がらない。騙された側には、「なんか無駄に騙されて損した気分」がじんわりと広がるのみだ。

File No.03

山中の大仰な発電所は ホントに発電してんの？

海の沖に大きな風車が、延々と規則正しく並ぶ様子などでお馴染みの「風力発電」。北欧のデンマークは、総電力の2割がこの発電法で賄われているというのだから驚きだ。ここ港町・神戸にも実は風力発電所がある。しかしその場所は、海ではなく山である。

三宮や元町から夜の六甲山を仰ぐと、山肌に輝く神戸の市章。都会のイルミネーションにかき消されて存在すら年々薄れているのはさておき、すぐ傍らには、風力発電所がそびえ立っている。設置されているのは「ダリウス型風車」（名前はとてももっともらしい）と呼ばれる発電システムで、輪っかの側面に付けられた羽根に風が当たることでこの輪がクルクルと回り、電力が生まれる仕組み。導入されたのは1981年とその歴史は意外と古いものの、実際に近くで見てみると輪が回っている様子は全くなく、「これ、ホンマに動いてんの？」という疑問が湧き上がってくる。

さっそく神戸市に問い合わせてみると、やはりこの発電所、現在は稼働していないと言う。いつから止まっているんですか？と問いただすも、「さあ……」と煮え切らないお返事。さらに再稼働については、その見通しすら立っていないとのこと。血税の無駄とは正にこれ！ 何とかならない⁉

File No.04

戸惑ってるのは旅行者も銀行も なんでこんな立地に中国銀行が

神戸の栄町通りは、かつては一大金融街として栄えた歴史を持つ。今でこそマンションや他のオフィスビルなども増えているものの、いまだに多くの金融機関の支店が点在し、往年の姿を偲ばせる。ここ、栄町に神戸支店を置く「中国銀行」もそのひとつだが、彼らを悩ます問題がひとつ。こちらは日本の中国地方を中心に展開するれっきとした地銀にも関わらず、中国の大手商業銀行である「中國銀行（Bank of china）」だと、最近神戸に増えてきた中国人ツーリストに勘違いされまくっていることだ。

「ちょっと使いすぎたし銀行でお金下ろすよ」「あら、ちょうど中國銀行があるわ」「じゃあ10万元ほど」（勝手に日本語訳）。吸い込まれた彼らが、5分ほどして出てきて「下ろせなかったアルヨー」「こんなところで紛らわしいアル！」とブチギレ、得意の大声で文句を言う光景もよく見かける。

笑えるのは、看板の下の方に控えめに「本社・岡山市」の文言が躍ること。銀行側だって、そのたびに窓口を止めていられないし自衛策を打ち出してはいるのだが、旅の浮かれ気分で目に入らぬと見える中国人観光客も多いようだ。しかし、金融街に出店したらたまたま南京町が近かったなんて……。嘘のような、本当の話です。

File No.05

不快な揺れが病みつきに!? 日本でここだけのアトラクション

「須磨浦山上遊園」内にあるアトラクション「カーレーター」は、一番のセールスポイントが「乗り心地の悪さ」と公式ホームページ上で自ら豪語するのだから、穏やかでない。カーレーターとは、ベルトコンベアの力を利用した、登山用交通機関のこと。1966年に開通したショッピングカートを彷彿させる2人乗り用のゴンドラは、一見したところ何の危険性もない。だが実際に乗ってみると、危険とかコワいとかはないものの、確かにけっこう揺れる。

　前出のホームページに書かれた、「振動がありますので、体調の優れない方や妊婦さんはハイキングコースをご利用ください」という親切なのか何なのかよく分からない注意書きが頭をよぎった。さらに少し上ると、「乗るときは右足から、降りるときは左足から」とのアナウンスが。すでに乗車してからのまさかの作法レクチャーに「あ、左足から乗っちゃった」と照れ笑いを浮かべる人も少なくないはずだ。料金は往復で大人300円ということで、せっかくだから下りも乗ってみると、なんと下りはさらに揺れる。もはや視界が定まらない。上りも下りも、なぜかゴンドラが美しい水平を保っているという構造が、この心地の良くない揺れを生み出しているのだろうか。

File No.06

緑まぶしい道に匂い立つ色香…… 女性の裸が見たいならココ!

女の裸体。はるか昔から男たちはその造形美を称え、惑い、数々の過ちを犯してきた。犯罪にまで発展するケースを体験した人はあまりいないと思うが、電車内で大きく開けた胸元を凝視しすぎた結果、「何こいつキモい」という目で見られるなど、その扇情的なフォルムに魅せられた末、心に大小の傷を負った健全な男子諸君は少なくないはずだ。

　だが高速神戸駅東側から北に伸びる道中には、いくら眺め倒しても怒られない裸がたくさんある。「みどりと彫刻のみち」と名づけられたこの道には、両サイドには街路樹が生い茂り、花壇には四季の花々が可愛いらしく咲き誇る。そしてその傍らには10体ほどの彫刻作品が点在しているのだが、「女の裸」がモチーフの像が非常に多く、その様相もさまざま。筋骨隆々なガッチリ体型の女が、「休め」の姿勢で仁王立ちする像あり（「大地のうた」菊池晋久作）、寝そべった体勢で宙に浮く女あり（「飛天」菊池一雄作）。中には胸にピタッと張り付いたロンTを着て下は裸、という男を誘っているとしか思えないモチーフまである（「若い女」桜井祐一作）。これらはいくら鑑賞してもタダだが、ついつい熱中してしまって道行く女性から「何こいつキモい」という目で見られぬよう注意が必要だ。

File No.07

あの大国に喧嘩を売るロックな落書きが急増中

いつの時代も街にあふれる「落書き」には、その時世を反映し、また風刺するメッセージが込められているものである。現代では店舗のシャッターなどにどこぞの不良や暴走族が自己顕示のために書くようなものが多いが、最近では神戸の街角で、「反米!!」という落書きをやたらと見かけるようになった。しかもマッ○ーで書かれたような細くて小さい文字。通常スプレーなどを使って豪快に描かれるイメージが強いストリート落書きと比べると、少々どころかかなりインパクトにかける。政治的になにか言いたいことありげなメッセージ内容に対して控えめすぎる字体が、なんだか可愛らしいとすら思えてくる。あの大国を真っ向から批判するのだからさぞかしコワい人や団体が書いたのだろうと思いがちだが、意外と「アメリカ人の女にフラれた」とか、「俺はお米が大嫌いだ」とかいう非常に個人的で、書いた人以外は感情移入できそうにもない恨みが込められているのかもしれない。

今回この落書きを見つけたのは、長田とか魚崎とか、神戸の中でガラが悪いとされている街ではなく、異国情緒漂う北野の路地であった。ほかにも高架下周辺あたりの壁でもいくつか同様のものが見つかっているので、不毛な宝探し気分で探して歩いてみるのもいいかも。

File No.08

他人の人生にちょっとおせっかい六甲山系で見つけた登山看板

六甲山系菊水山周辺と言えば、急な勾配と悪路が続き、須磨から宝塚まで続く「六甲全山縦走路」の中でも一、二を争う難所としてハイカーに知られている。その途中でこんな看板を見つけた。キツイ山道の途中に突如現れる、どこかで聞いたことあるような人生訓。しかも「人生ですぞ〜」という軽くユーモアを効かせた言い回しに、逆に肩の力が抜けてしまいそうだ。昨今は「山ガール」など若者の登山を奨励する動きも盛んだが、山登りはまだまだお年寄りのレジャーである。おそらくはこの「兵庫登山会」なる団体のメンバーも中高年の方々が主なのだろうが、これは人生の後輩に向けたメッセージなのだろうか。もうひとつ見過ごせないのが、「あと900メートル」と聞くと通常の道ではさほど距離がないように感じるが、山道の1キロ弱を舐めてはいけない。「あともうちょっと頑張ろう」と思って早足にでもなったが最後、10分後には顔面蒼白で膝を折っていることは間違いない（特に初心者にとってはかなり苦しい）。

人生について深々と考え哲学的な思索にふけるよりも、終わった後のビールや温泉が楽しみになってしまうのはまだまだ修行が足りないのだろうか。しかしこんな山中でいきなり「人生」を持ちだされてもねえ……。

File No.09

伝えたいことが多すぎて ごった煮状態になっちゃった栓蓋

「上を向いて歩こう」と、かの名曲は歌うが、下を向いて街中を歩いてみると、案外面白いものに出くわすこともある。そのひとつが、「デザインマンホール」。市章やその町のシンボルなどがアーティスティックにデザインされたものを指すのだが、阪急三宮駅西口から生田神社へと続く「いくたロード」沿いにある長方形の消火栓蓋も、なかなかに芸術性が高い。神戸港のポートタワーと海洋博物館、クルーズ船、さらには神戸北野のうろこの館に風見鶏、ハーバーランドのガス灯、真ん中には市章……。「神戸にはこんなにもたくさん、素晴らしい見どころがあるんですよ！」とアピールしたい気持ちが強すぎるあまり、デザインが恐ろしく難解なものになってしまっているのである。

　お弁当屋さんで幕の内弁当を頼むとなんだかエース不在のラインナップにガッカリしたり、ラーメン屋さんで奮発して「全部のせ」をオーダーすると、そのごった煮感にうんざりした経験がある方も多いのではないだろうか。この消火栓盤もまさにそれ。もうちょっと絞ったらよかったと思えてしまう。実はこの神戸の名所を描いた消火栓盤にはほかにもデザインがあるのだが、こちらも負けず劣らずのごった煮。どんな場合においても、欲張りすぎはよくないのだ。

File No.10

意外と住民に愛されてる!? コワすぎるお地蔵様

ＪＲ摂津本山と住吉駅の中間、東灘区役所近くのマンションや一軒家が立ち並ぶ閑静な一角を歩いていると、ふと前方に石造りの祠が見えてくる。「さてはこの土地を古くから守ってきた、ありがたいお地蔵様か何かが祀ってあるのだな。手でも合わせていこうじゃないか」と思い近づいてみると……その地蔵は生々しい首だけ!!

　唇には真っ赤な口紅が塗られており、これは近隣の住民の厚意（に値するかどうかは微妙なラインだが）からのもので、その名も「くび地蔵」という。思わず「そのまんまやん！」ツッコんでしまうこととうけあいのこのお地蔵様は、大正初期に建立されたものを震災以後に再建、「首から上の病気を癒すご利益がある」とされ（これもまためっちゃそのまんま）、地域の住民には案外愛されている（めったに見られないが、服的なものを着せられているときもある）。身体はどこか別のところにあるかと思いきや、市の担当者も存在はしらなかった。

　お供えものや水などがマメに取り換えられていることからもその愛され具合がうかがい知れるが、街頭もまばらな夜道を歩いていて、突如出くわしたときには腰を抜かしそうになるくらい怖いので（本当にコワイんです!!）、夜に見に行くのはあまりおすすめできない。

File No.11

若い男女が集う「パイ山」誰も知らないその正式名は?

「渋谷ハチ公前」、「梅田BIGMAN」など、どこの街にも「待ち合わせの定番」はあるもので、神戸の若者にとってのそれは阪急三宮駅東口を出てすぐ北側に広がる「パイ山」（またはおっぱい公園）に他ならない。1985年に整備されたこの「パイ山」は、縦横10メートルほどの石畳の一帯のところどころに、さながら「おっぱい」のごときお椀型の突起が盛り上がっている。その「おっぱい」の周囲に腰を下ろしストリートのバンド演奏に耳を傾けたり、また時にはおっぱいの頂上（乳頭）に立ち上がってみるなどして、地元民は待ち人を探す。さらにその片隅には、女性の下半身が幾重にも積み上げられた難解（より正確に言うと卑猥）な銅像がある。イタリア語で「愛」を意味する「アモーレ」という題のこの作品（新谷琇紀作）にちなんで、2007年には一帯の正式名称が市の公募によって「さんきたアモーレ広場」に決定された。だがこの名称は全く浸透しておらず、地元民でも呼ぶ人は皆無。一方、男はともかく年頃の女子までもが何の恥ずかしげもなく「じゃあ、待ち合わせはパイ山で」と口にする。「この子ビッチなのかなあ」と思われても仕方がない愛称で、「パイ山」はこれからも待ち合わせの定番スポットとして親しまれ続けることだろう。

File No.12

ウキウキ気分で訪れた観光客たちの行く手を阻む道

「異国情緒あふれる」の代名詞的存在である神戸・北野といえば、平日、週末問わず多くの観光客で賑わう界隈だが、意外と道幅が狭いことは実際に訪れたことがある方ならご存知だろう。しかし、いくらなんでも狭すぎる道がある。ふたつの異人館の間を縫うようにして走るこちらの道。普通に歩行するのは困難、カニ歩きでちょこちょこ進むのがやっとのレベルである。路面がアスファルトで舗装されているところを見ると、もともと道路として作られたか（そう考えるとかなりぞっとするが）、かつて道だったところに強引に建物を建てたかのどちらかであることが推察される。たしかに家々が密集した、まるで迷路のような住宅街では時折見受けられる、度がすぎるほどに狭い道であるが、神戸随一の観光地でお目にかかるとは驚きだ。もはや「通行できるもんならしてみい」という挑戦的な意志すら感じてしまう。

意中の相手とのデートの際にそれとなく誘導してみると、「これホンマに通れるかなあ」というドキドキに変わり、「吊り橋効果」的なご利益が得られて距離が縮まるかもしれない。巷に存在する、変わった道を巡る「道マニア」だけでなく、恋に花を咲かせたい男女が訪れる神戸の隠れた名所――にはさすがにならへんか。

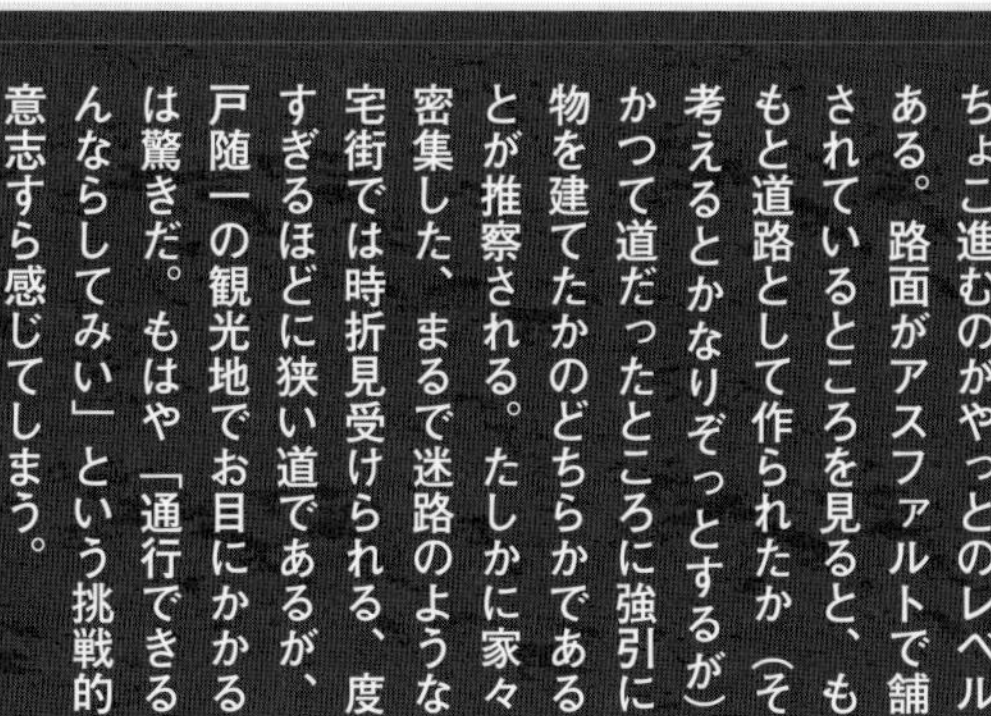

File No.13

わざわざ案内板にもある 地元で愛される「卓球場」

カン、カコン、カン、カコンと台の上を球が軽快に跳ね回る卓球。体力がない人でも気軽にチャレンジでき、老いも若きも楽しめる競技・ホビーとして親しまれ、全国の街角には大小の卓球場が点在している。

「オッチャンの聖地」として名を馳せる新開地にも卓球場があるのだが、その待遇がやたらと手厚い。鉄道の駅はそこそこの規模になると、界隈のランドマーク的な施設に人々を誘導するため、頭上に案内板が掲げられているが、新開地駅の高速神戸方面へ案内する看板を見てみると、「高速神戸駅」「星の広場（芸大生の壁画作品が彩る広場）」に続き、しっかりと「卓球場方面」としたためられているのである。案内に従い、「メトロこうべ」と呼ばれる地下街をテクテク歩くと、たしかにあった。道に面してネットが張り巡らされ、横一列にずらりと台が並べられた、「外から思いっきり丸見え」というこれまた珍しい卓球場である。ボートにパチンコ、アートと娯楽が豊かな新開地にありながらも、連日それなりに盛況しており、昼間などは地元の主婦を中心に結成された卓球サークルの人々でいっぱいになることも少なくない。でも設備自体はわりと凡庸で、駅の案内板に書かれるほど大層なものでないことはやはり否めない。

File No.14

ルールを守ろうとする良民を惑わす カオスなゴミステーション

看板や標識とはさまざまな注意を喚起したり、守るべきルールを示してくれる市民の味方であるが、ときに敵にもなりうる。県庁前付近には、ゴミ出しのルールを示す看板が所狭しと踊る一角がある。パッと見た感じでは、どれに従ってよいものやら全く分からない。しかも、「不法投棄禁止！」と書かれた看板は無駄にふたつある。どうやらこの看板たちは、町の自治会や回収業者などが、みんなで相談することなく好き勝手に立てていった結果、こうなったものらしい。このゴミステーションを利用して長い人は、複雑怪奇なルールをなんとか読み解き、それに従っているのかもしれないが、新たに引っ越してきた人たちは、きっと「どれを守ったらええねん！」と怒りをあらわにしていることだろう。「ちょっと、今日は不燃ゴミの日じゃありませんよ」「違いますよ、こっちの看板を守ってもらわないと」「じゃあ、今日って書いてるこれは何なんですか！」などという、ゴミ回収業者と住民のやり取りが目に浮かぶようである。燃えるゴミと燃えないゴミは分ける、粗大ゴミはちゃんと業者に回収に来てもらう、などゴミ出しのルールはちゃんと守りたいのが良民としての心だが、これでは逆にもうどうでもよくなって全部まとめて出してしまいそうで。

File No.15

「人生、時にはムダをしなければ」そう歩道橋が教えてくれる

雑誌やテレビ、自己啓発本、小うるさい親戚。世の中にはさまざまな人生訓があふれているが、元町の西、JR花隈駅近くにも、「これも人生」と感じずにはいられない場所がある。「西元町歩道橋」は、JR線路の南北をつなぐために、高架下を貫通する珍しい歩道橋だ。通常のものを想像すると、その直線距離は倍以上はあろう。そしてさらに高架下をくぐるため、「一度下ってまた上る」という起伏を乗り越えなければ、横断することはかなわないのだ。かの有名な水前寺清子氏は「三百六十五歩のマーチ」の中で「3歩進んで2歩下がる」と歌ったが、これもそういうことなのだろうか。もしくは、「人生山あり谷あり」といういささかそのまんまな気がしないでもない人生訓を持ち出して、自分を納得させるのが正しいのだろうか。否。これはただの蛇足である。近くに横断歩道はないものか、と探してみるも、線路の北側にはあるが南側にはなく、近隣に住む人々が、この歩道橋を使わざるをえないシチュエーションは多い。時間がないときにはこのアップダウンはさぞかし体と心にこたえるに違いない。ムダと分かっていてもやらなければならないことがあるのが人生だが、通行人からは「な〜んか納得いかへんなあ」という声が聞こえてくる。

File No.16

なんか余計吸いたくなってくる……神戸人のタバコマナーの真実は？

「いつもトイレをきれいに使って頂き、ありがとうございます」。先手必勝とばかりに感謝の意を述べることで、「トイレを汚すな」という強いメッセージを発するという、今やさまざまな看板や注意書きに応用されている策略である。ポートアイランドのポートピアホテル近辺にある、ポイ捨て禁止を促す手書き看板もその類のひとつ。だが、幼少の頃、親や先生に「●●くんは良い子だから、お片付けちゃんとできるわよね」などと言われると、さらに散らかしたくなる衝動に駆られた人はきっと少なくないはず。この看板もまた、書き方が逆効果を招きかねないのは否めず、「俺、芦屋市民やから」、ひどい場合には「俺北区民やしなぁ」とか言って堂々とポイ捨てをする輩の姿が目に浮かぶ。

三宮・元町は路上喫煙防止指導員が目を光らせているため（見つかったら罰金千円）、歩きタバコをしたりポイ捨てをする人の数は少ないと言えるだろう。しかしポートアイランドには、その目は全くと言っていいほど届いていない。正直、空き地だらけの島を歩いているとなんだか感傷的になってしまうし、そんな気分を埋めるためについタバコを口にしたくもなる。さらに埠頭の方にいくと心地よく頬をなでる潮風に、ますます一服したくもなってくる。

参考文献

・ポートアイランド建設史編集委員会
『ポートアイランド』
神戸市　１９８１年

・長田区役所まちづくり推進部
まちづくり推進課まちづくり支援課
『長田区60年の歩み』
神戸市長田区役所　２００５年

・三宮センター街三十年史編集委員
『三宮センター街30年史』
三宮センター街連合会　１９７８年

・兵庫県の歴史散歩編集委員会編集
『兵庫県の歴史散歩』
山川出版社　２００６年

・石戸信也
『神戸のハイカラ建築』
神戸新聞総合出版センター　２００３年

・原島広至
『神戸今昔散歩』
中経出版　２０１１年

・神戸新聞社・編
『懐かし写真館』
神戸新聞総合出版センター　２００６年

・みなと元町タウン協議会
『港町の歴史を歩く地図』
みなと元町タウン協議会　２０１０年

・崎山 昌廣
『神戸学』
神戸新聞総合出版センター　２００６年

・丹波 元
『こんなに違う京都人と大阪人と神戸人』
ＰＨＰ研究所　２００３年

・神木哲夫監修
『改訂版 神戸学検定公式テキスト 神戸学』
神戸新聞総合出版センター　２０１２年

・陳舜臣
『神戸ものがたり』
平凡社　１９９８年

【サイト】

・神戸市
http://www.city.kobe.lg.jp/

・兵庫県
http://web.pref.hyogo.lg.jp/

・明石市
http://www.city.akashi.lg.jp/

・三田市
http://www.city.sanda.lg.jp/

・大阪市
http://www.city.osaka.lg.jp/

・京都市
http://www.city.kyoto.lg.jp/

・兵庫県警
http://www.police.pref.hyogo.jp/

・神戸公式観光サイト Ｆｅｅｌ ＫＯＢＥ
http://www.feel-kobe.jp/

・神戸市文書館
http://www.city.kobe.lg.jp/information/institution/institution/document/

・神戸市立博物館
http://www.city.kobe.lg.jp/culture/culture/institution/museum/main.html

・神戸青年会議所
http://www2.kobejc.or.jp/2013/

・神戸すまいまちづくり公社
http://www.kobe-sumai-machi.or.jp/

・人と防災未来センター
http://www.dri.ne.jp/

・神戸市立フルーツ・フラワーパーク
http://fruit-flowerpark.jp/

・神戸空港ターミナル
http://www.kairport.co.jp/

・神戸ワイナリー
http://www.kobewinery.or.jp/

・神戸ハーバーランド
http://www.harborland.co.jp/

・神戸ハーバーランド umie
http://umie.jp/

・阪急電鉄
http://rail.hankyu.co.jp/

・ＪＲ西日本
http://www.westjr.co.jp/

・阪神電鉄
http://www.hanshin.co.jp/

・神戸電鉄
http://www.shintetsu.co.jp/

・山陽電鉄
http://www.sanyo-railway.co.jp/index.html

・神戸市交通局
http://www.city.kobe.lg.jp/life/access/transport/

・北神急行電鉄
http://www.hokushinkyuko.co.jp/

・ＲＯＫＫＯＳＡＮ．ｃｏｍ
http://www.rokkosan.com/

・神戸新聞 ＮＥＸＴ
http://www.kobe-np.co.jp/

・朝日新聞デジタル
http://www.asahi.com/

・日本経済新聞
http://www.nikkei.com/

・読売 ＯＮＬＩＮＥ
http://www.yomiuri.co.jp/

・毎日．ｊｐ
http://mainichi.jp/

・ｍｓｎ産経ニュース
http://sankei.jp.msn.com/

・日本維新の会
http://j-ishin.jp/

・川崎重工業
http://www.khi.co.jp/

・神戸製鋼所
http://www.kobelco.co.jp/

・須磨勝手に観光協会
http://www.sumap.net/

・神戸ファッションウィーク
https://www.kobedays.com/event/kfw

・トーラク
ttp://www.kobepudding.com/

・神戸肉流通推進協議会
http://www.kobe-niku.jp/

・甲南女子大学
http://www.konan-wu.ac.jp/

・神戸松蔭女子学院大学
http://www.shoin.ac.jp/

・甲南大学
http://www.konan-u.ac.jp/

・神戸大学
http://www.kobe-u.ac.jp/

・神戸学院大学
http://www.kobegakuin.ac.jp/

・住吉学園
http://www.sumiyoshigakuen.com/

・滝川第二中学・高等学校
http://takigawa2.ed.jp/

・灘中学・高校
http://www.moon.sphere.ne.jp/nada-h/

・先端医療振興財団
http://www.ibri-kobe.org/

・ＮＨＫ ＯＮＬＩＮＥ
http://www.nhk.or.jp/

・シーサイドホテル舞子ビラ神戸
http://www.maikovilla.co.jp/

・神戸ポートアイランドまるわかりサイト
http://www.portisland.net/

・六甲アイランド地域情報サイト
http://www.rokko-island.com/

・新開地ファン
http://www.shinkaichi.or.jp/

・ＫＯＢＥ 鉄人 ＰＲＯＪＥＣＴ
http://www.kobe-tetsujin.com/

大丸神戸店
http://www.daimaru.co.jp/kobe/

・神戸旧居留地オフィシャルサイト
http://www.kobe-kyoryuchi.com/index.htm

・南京町
http://www.nankinmachi.or.jp/index.html

・神戸三宮センター街
http://www.kobe-sc.jp/about/

・神戸元町商店街
http://www.kobe-motomachi.or.jp/

・ヴィッセル神戸
http://www.vissel-kobe.co.jp/

・ＩＮＡＣ神戸レオネッサ
http://inac-kobe.com/

・オリックス・バファローズ
http://www.buffaloes.co.jp/

・神戸ＳＢ協会
http://www.kobe-sb.com/

・灘五郷酒造組合
http://www.nadagogo.ne.jp/

・岡本商店街
http://www.kobe-okamoto.or.jp/index.html

・生活協同組合コープこうべ
http://www.kobe.coop.or.jp/

・三井アウトレットパークマリンピア神戸
http://www.31op.com/kobe/

・神戸三田プレミアム・アウトレット
http://www.premiumoutlets.co.jp/kobesanda/

・神戸市漁業協同組合
http://www.kobeshi-gyokyo.or.jp/top.html

・鹿之子温泉
http://www.kanokospa.com/

・有馬温泉観光協会
http://www.arima-onsen.com/

・神戸カナディアン・アカデミー
http://www.canacad.ac.jp/

・神戸中華同文学校
http://www.tongwen.ed.jp/

・兵庫県立美術館
http://www.artm.pref.hyogo.jp/

●編者

松本広章

1981年神戸市生まれ。同年の中央市民病院の移転に伴い、生後1週間で自衛隊車両でポーアイまで輸送された経験あり。両親の実家が王子公園＆春日野道という純血の中央区民で現在も王子公園に在住。たまに思い立ってHAT神戸あたりを走ったりするのだが、自分の体力のなさを痛感するばかりで3日も続かない。

平賀太一

1975年滋賀県生まれ。学生時代からしばらく京都に住み、神戸へと移る。中央区から東灘区へと居を移し、現在はセレブの街(と言われる)岡本在住。東神戸～阪神間を主に行動範囲とする典型的な神戸人の"上がり"パターンをなぞってはいるものの、街のイメージから想像される暮らしぶりとはほど遠い小市民。

小坂 空

神戸市灘区生まれのライター。市内の中高一貫カトリック系お嬢様女子高を卒業後、阪神間随一のボンボン大学で華やかなバブル期を過ごす。当時の大学の同級生には、誰もが知る某大手建設会社、総合商社、食品メーカー、繊維メーカーの御曹司らが在籍したが、残念ながら誰一人として友だちにすらなれなかった。

日本の特別地域　特別編集㊼
これでいいのか 兵庫県　神戸市

2013年7月3日　第1版　第1刷発行
2013年8月2日　第1版　第2刷発行

編　者　松本広章
　　　　平賀太一
　　　　小坂空
発行人　武内静夫
発行所　株式会社マイクロマガジン社
　　　　〒104-0041　東京都中央区新富1-3-7 ヨドコウビル
　　　　TEL 03-3206-1641　FAX 03-3551-1208（販売営業部）
　　　　TEL 03-3551-9564　FAX 03-3551-9565（編　集　部）
　　　　http://micromagazine.net/
編　集　髙田泰治
装　丁　板東典子
本文デザイン　㈱マイクロハウス　企画・制作
イラスト　田川秀樹
協　力　㈱n3o
　　　　有限会社　リワークス
校閲　株式会社　文字工房燦光
印　刷　図書印刷株式会社
※定価はカバーに記載してあります
※落丁・乱丁本はご面倒ですが小社営業部宛にご送付ください。送料は小社負担にてお取替えいたします

※本書の内容は2013年6月4日現在の状況で制作したものです

2013 Printed in Japan　ISBN　978-4-89637-427-8　C0095

マイクロマガジン社の地域批評シリーズ

◆地域批評シリーズ　特別編集　既刊一覧◆

日本の特別地域 特別編集
東京都
杉並区
伊藤圭介・昼間たかし／編
B5判／144ページ／定価1,365円
ISBN 978-4-89637-290-8

日本の特別地域 特別編集
副都心線
地域批評シリーズ編集部／編
B5判／144ページ／定価1,365円
ISBN 978-4-89637-305-9

日本の特別地域 特別編集
これでいいのか
神奈川県
横浜市
小森雅人・川野輪真彦／編
B5判／144ページ／定価1,365円
ISBN 978-4-89637-312-7

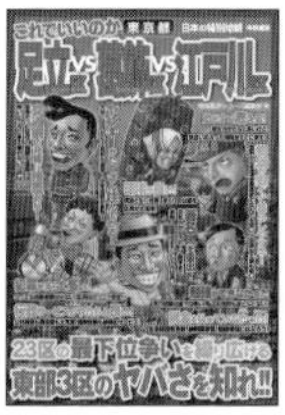

日本の特別地域 特別編集
これでいいのか
東京都 足立区VS葛飾区VS江戸川区
地域批評シリーズ編集部／編
B5判／144ページ／定価1,365円
ISBN 978-4-89637-315-8

日本の特別地域 特別編集
これでいいのか
埼玉県
さいたま市
小森雅人・川野輪真彦・藤江孝次／編
B5判／144ページ／定価1,365円
ISBN 978-4-89637-329-5

日本の特別地域 特別編集
これでいいのか
神奈川県
川崎市
岡島慎二・浅井達幸／編
B5判／144ページ／定価1,365円
ISBN 978-4-89637-330-1

日本の特別地域 特別編集
これでいいのか
神奈川県
湘南エリア
橋本玉泉・岡島慎二／編
B5判／144ページ／定価1,365円
ISBN 978-4-89637-347-9

日本の特別地域 特別編集
これでいいのか
東京都
杉並区2
佐藤圭亮・伊藤圭介／編
B5判／144ページ／定価1,365円
ISBN 978-4-89637-350-9

日本の特別地域 特別編集
これでいいのか
神奈川県
横浜市2
小森雅人・川野輪真彦・藤江孝次／編
B5判／144ページ／定価1,365円
ISBN 978-4-89637-355-4

日本の特別地域 特別編集
これでいいのか
神奈川県
相模原市
佐藤圭亮・橋本玉泉・伊藤圭介／編
B5判／144ページ／定価1,365円
ISBN 978-4-89637-361-5

日本の特別地域 特別編集
これでいいのか
福岡県
福岡市
たむらやすよ・前畑繁美・宮沢玲奈／編
B5判／144ページ／定価1,365円
ISBN 978-4-89637-363-9

日本の特別地域 特別編集
これでいいのか
愛知県
名古屋市
澤村慎太郎・記者ネット名古屋／編
B5判／144ページ／定価1,365円
ISBN 978-4-89637-369-1

日本の特別地域 特別編集
これでいいのか
茨城県
岡島慎二・松立学／編
B5判／144ページ／定価1,365円
ISBN 978-4-89637-358-5

日本の特別地域 特別編集
これでいいのか
千葉県
葛南
小森雅人・藤江孝次・佐藤圭亮／編
B5判／144ページ／定価1,365円
ISBN 978-4-89637-372-1

日本の特別地域 特別編集
これでいいのか
北海道
札幌市
みたむらみっち・青木えり・上岡哲次／編
B5判／144ページ／定価1,365円
ISBN 978-4-89637-375-2

日本の特別地域 特別編集
これでいいのか
東京都
立川市
岡島慎二・伊藤圭介／編
B5判／144ページ／定価1,365円
ISBN 978-4-89637-379-0

日本の特別地域 特別編集
これでいいのか
広島県
広島市
川口有紀／編
B5判／144ページ／定価1,365円
ISBN 978-4-89637-385-1

日本の特別地域 特別編集
これでいいのか
東京都
八王子市&多摩ニュータウン
岡島慎二・鈴木ユータ／編
B5判／144ページ／定価1,365円
ISBN 978-4-89637-388-2

【日本の特別地域オフィシャルサイト】▶**http://tokku.jp/**

マイクロマガジン社の地域批評シリーズ

◆地域批評シリーズ　既刊一覧◆

日本の特別地域①
東京都足立区
『足立区にはヤンキーが多い』
…って実際のところホントなの？
昼間たかし／編
A5判／176ページ／定価1,260円／ISBN 978-4-89637-253-3

日本の特別地域②
東京都葛飾区
『…あぁ寅さんと両さんね』
…ってそれ以外に何もないんかい！
昼間たかし／編
A5判／176ページ／定価1,260円／ISBN 978-4-89637-280-9

日本の特別地域③
東京都板橋区
…えーっと、
『山手線ゲームで名前を出してもらえない区』!!
荒井禎雄・山木陽介／編
A5判／176ページ／定価1,260円／ISBN 978-4-89637-287-8

日本の特別地域④
東京都豊島区
サイタマ人の8割は
『池袋菌』に感染しています。
橋本東堂／編
A5判／176ページ／定価1,260円／ISBN 978-4-89637-291-5

日本の特別地域⑤
東京都新宿区
えっ！ 人住んでるの？
意外と多い新宿区ジュウニン。
昼間たかし・佐藤圭亮／編
A5判／176ページ／定価1,260円／ISBN 978-4-89637-299-1

日本の特別地域⑥
東京都渋谷区
不良VS補導員の仁義なき戦い!?
只今、センター街は浄化中。
佐藤圭亮・丸茂潤吉／編
A5判／176ページ／定価1,260円／ISBN 978-4-89637-303-5

日本の特別地域⑦
これでいいのか東京都中野区
ヲタクの聖地!? イナカっぽいのに大都会！
サブカルでビンボーくさい!?
佐藤圭亮・川口有紀／編
A5判／176ページ／定価1,260円／ISBN 978-4-89637-313-4

日本の特別地域⑧
これでいいのか東京都江東区
時代を超えた対決!? 江戸・昭和・平成…
混沌とする江東区の未来は!?
岡島慎二・渡月祐哉／編
A5判／176ページ／定価1,365円／ISBN 978-4-89637-317-2

日本の特別地域⑨
これでいいのか東京都大田区
ズレてますよ！ 大田区さん！
…いやいや、ズレてますって！
昼間たかし・伊藤圭介／編
A5判／176ページ／定価1,365円／ISBN 978-4-89637-322-6

日本の特別地域⑩
これでいいのか東京都台東区
え～っと…アメ横！ 浅草！
…って他にイメージないんか～ぃ!!
小森雅人・川野輪真彦・藤江孝次／編
A5判／176ページ／定価1,365円／ISBN 978-4-89637-323-3

日本の特別地域⑪
これでいいのか東京都世田谷区
今度は西だ！
一度は住んでみたい、あの区だけど…
岡島慎二・鈴木亮介・奥岡幹浩／編
A5判／176ページ／定価1,365円／ISBN 978-4-89637-327-1

日本の特別地域⑫
これでいいのか東京都足立区2
足立の時代がやってきた！
デフレ時代の寵児足立区!!
昼間たかし・伊藤圭介／編
A5判／176ページ／定価1,365円／ISBN 978-4-89637-333-2

日本の特別地域⑬
これでいいのか東京都練馬区
大根！　アニメ！　漫画！
23区でいちばん新しい区！
岡島慎二・土屋幸仁／編
A5判／176ページ／定価1,365円／ISBN 978-4-89637-340-0

日本の特別地域⑭
これでいいのか千葉県東葛エリア
県民意識ゼロ!?
「千葉都民」と呼ばれる彼らの実態とは!?
小森雅人・川野輪真彦・藤江孝次／編
A5判／176ページ／定価1,365円／ISBN 978-4-89637-342-4

地域批評オフィシャルサイト：**http://tokku.jp/**
マイクロマガジン社：**http://micromagazine.net/**